O CÉREBRO TRAIDOR DO CEO

Luís Castañeda

O CÉREBRO TRAIDOR DO CEO

Decisões que provocam crises e como evitá-las

ACTUAL

TÍTULO ORIGINAL:
El cerebro traidor del CEO

AUTOR
Luis Castañeda Martinez

CONJUNTURA ACTUAL EDITORA, uma chancela de Edições Almedina
Sede: Rua Fernandes Tomás, 76-80, 3000-167 Coimbra
Delegação: LEAP CENTER – Espaço Amoreiras
Rua D. João V, n.º 24, 1.03 – 1250-091 Lisboa – Portugal
e-mail: editoras@grupoalmedina.net

TRADUÇÃO
José Antonio de Sousa

REVISÃO
Beatriz Morais

DESIGN DE CAPA
Edições Almedina

PAGINAÇÃO
Aresta Criativa – Artes Gráficas

IMPRESSÃO E ACABAMENTO:
??????
outubro 2020

Biblioteca Nacional de Portugal – Catalogação na Publicação

CASTAÑEDA MARTINEZ, Luis

O cérebro traidor do Ceo : decisões que provocam crises e como evitá-las. – (Fora de coleção)
ISBN 978-989-694-549-7
CDU 005

A Enrique Bernal Reyes (q.e.p.d.), um dos melhores livreiros do México.

A Rodolfo Muñoz, grande autor e conferencista
mas, antes de mais, um grande amigo.

A Sheridan Sanchez, diretora em processo de formação, que terá
certamente um futuro brilhante no mundo dos negócios.

A todos os leitores dos meus livros, e em particular da obra
Como destruir uma empresa em 12 meses... ou antes,
que foi a fonte de inspiração para este livro.

Prólogo

Luis Castañeda pega na caneta e, suavemente, dá forma e conteúdo a um texto delicioso. Uma vez começada a leitura, fica difícil parar de ler. É como ter de deixar a água refrescante de uma piscina num dia de calor tórrido.

Só um especialista em temas empresariais, como o Luis, poderia aprofundar o tema das angústias pelas quais passa um CEO, para nos explicar os mecanismos que surgem na mente do executivo que enfrenta a sua «hora da verdade», ou seja, aquele momento em que é chamado a tomar decisões que o transcendem. Quanto maior é o número de envolvidos no processo, maior é o impacto. E quanto mais pequena a empresa for, mais trágico pode ser o desfecho de uma má decisão.

Quão dramático é para uma empresa pequena ser levada à ruína, deixando um rasto de destruição nos sonhos e expectativas daqueles que começaram o projeto com profunda ilusão! E pensar que estes casos ocorrem com demasiada e intolerante frequência. As estatísticas demonstram que em cada 100 empresas que hoje nascem, apenas duas chegam a viver 5 ou mais anos. Este livro é uma útil ferramenta para evitá-lo, uma ferramenta salvadora. Saberemos aproveitar os ensinamentos?

Só um especialista como o Luis consegue expressar ideias profundas numa linguagem acessível e num tom amável. Passar os olhos pelo texto, sem grandes preocupações, é um autêntico prazer. O autor aborda temas relevantes como o papel da incerteza na tomada de decisões, o viés cognitivo que tantas vezes nos leva a tomar decisões incorretas, e as inevitáveis emoções que afetam o processo decisório.

O autor abre-nos a mente através dos seus livros. Rompe paradigmas e ajuda-nos a combater as ideias preconcebidas sobre a atividade empresarial. Guia-nos para ajudar a compreender a complexidade que carateriza o trabalho do executivo e alerta-nos para os riscos e para a incerteza que representa no processo de toma de decisões, por muito elaborado que seja o nosso plano estratégico.

É recomendável, mas não indispensável para tirar partido desta obra, ler também o livro *Como destruir uma empresa em 12 meses...ou antes.*

Desta obra retiram-se lições importantes que servem de orientação a Roberto, o protagonista deste livro, para levar a cabo a sua análise e chegar às razões que levaram o autor a escrever *O cérebro traidor do CEO.*

Todos aqueles que tiveram responsabilidades executivas a nível de chefia, quer na área de Finanças, Operações ou Vendas, facilmente reconhecerão que a precipitação na tomada de decisões, por causa das generalizações, nos conduz a rumos muito pouco recomendáveis. Por isso, é fundamental ser-se capaz de descortinar as «traições» ou partidas que o nosso cérebro nos prega com tanta frequência, para começar a submeter o nosso cérebro a uma nova disciplina que as combata e evite, sob pena de arriscarmos o nosso futuro e condenarmo-nos ao fracasso.

Esta obra é de leitura fácil e prazerosa, e lê-se rapidamente, mas ainda assim não deixa de ser um excelente manual de consulta para dar início a um processo de transformação que nos ajude a ser melhores executivos, sobretudo para aqueles que ainda estão no processo de formação com aspirações de ser um bom líder o mais breve possível.

Alfredo Esponda,

coautor de *A caminho de uma qualidade mais robusta com ISO 9000:2000* e autor de numerosos manuais de formação para executivos. Fundador e Diretor Geral da empresa de consultoria CENCADE.

Prefácio

Estive mais de 20 anos à caça dos erros empresariais, que incluí nas cinco edições do meu livro *Como destruir uma empresa em 12 meses... ou antes* e, a cada nova edição, juntam-se novos erros, muitos deles garrafais. Sempre me questionei como era possível que grandes líderes da economia e dos negócios, com tanta experiência e salários principescos, pudessem cometer este ou aquele erro. A conclusão a que acabei por chegar é que o sistema de tomada de decisão tem falhas e, claro, se a mente do CEO tem falhas cognitivas, as suas decisões são incorretas, o que causa problemas nas empresas que gerem.

A neurociência chegou à conclusão de que o nosso cérebro frequentemente nos induz em erro durante o processo de decisão, mesmo quando temos um QI acima da média. Nem mentes brilhantes, como a de Albert Einstein, evitaram que se cometessem vícios de pensamento e distorções mentais.

Dirigir uma empresa não é tarefa fácil. São muitas as variáveis que estão presentes na vida quotidiana de um negócio, mesmo num pequeno negócio. Um gestor é como um piloto de avião, está obrigado a vigiar uma série de indicadores internos e externos ao mesmo tempo, até tendo ao lado um copiloto e o resto da tripulação para o ajudar. Não pode dar-se ao luxo de se descuidar numa só leitura que seja, em particular naqueles indicadores que podem representar a vida ou a morte dos passageiros, e a sua.

A grande diferença entre um piloto de avião e um gestor de empresa é que o piloto, ao terminar o voo e logo que os passageiros saiam, abandona o avião e retira-se da sua função. O gestor de uma empresa fica em funções 24 horas por dia, 7 dias por semana, 365 dias por ano, pelo que a sua mente deve estar 100% alerta e em permanência. Sim, mesmo durante o sono. Muitas das grandes ideias e decisões empresariais nasceram durante o sono, pois é ao dormir que as memórias se consolidam e se conseguem fazer associações de ideias. Não é em vão que frequentemente ouvimos dizer «vou dormir sobre o assunto». Foram muitas as vezes em que me levantei de noite para escrever um pensamento ou uma ideia que me surgiram durante o sono.

Como é óbvio, não posso entrar na mente dos gestores que cometeram erros nas suas decisões, mas pude analisar as minhas decisões erradas mediante uma análise *post-mortem* e rapidamente me dei conta de que cometi erros mentais e emocionais.

Muitos gestores, à semelhança de quem sofre de obesidade, procuram fórmulas milagrosas na esperança de conseguir gerir a sua empresa eficazmente ou resolver os problemas que a afetam. Essa é a principal razão pela qual frequentam cursos e conferências e leem livros com soluções milagrosas. Não se dão conta de que o seu pensamento é a fonte de muitos dos problemas que querem resolver. O processo cognitivo mental está assente em paradigmas, riscos cognitivos e vícios mentais ligados à sua forma de atuar. E como é virtualmente impossível apertar a tecla *delete* para fazer desaparecer essas formações mentais, os gestores recorrem a ajuda externa para encontrar soluções que não encontram em si próprios, impedindo-os de atuar eficazmente na resolução dos problemas da empresa. Mas não aprendem: aplicam uma solução e esta não funciona. Descartam-na. Procuram outra que também não lhes serve. A empresa continua a deteriorar-se e chega a uma crise que, no melhor dos casos, vitimiza o gestor, que perde o seu emprego. No pior dos casos, mata a empresa.

A ideia não é imitar o que um gestor fez numa determinada situação de crise, mas sim entender o contexto em que pensou e decidiu — o que não é fácil, porque as pessoas nunca registam exatamente o que as levou a pensar e a decidir de uma determinada forma, numa determinada situação. Mesmo parecendo que se está a fazer exatamente o mesmo em dada situação, pode ter-se a certeza de que os resultados serão invariavelmente diferentes, pela simples razão de que as variáveis, todas elas, nunca são exatamente as mesmas em duas situações que parecem idênticas.

Nenhuma empresa tem êxito assegurado a longo prazo. Chegará o momento em que o efeito gravitacional da regressão a transformará numa empresa mediana, senão mesmo medíocre, a não ser que o gestor faça algo fora do normal que impeça a queda.

Quis escrever este livro em forma de «fábula de negócios», porque está demonstrado que as histórias são grandes transmissoras de conhecimento, além de serem de leitura mais fácil e amena do que um texto de teor puramente técnico.

Apesar de o conteúdo do livro ser aplicável a qualquer tipo e dimensão de empresa, procurei dar um relevo especial às PME, onde a «mortalidade» é maior. A grande mensagem que gostaria de deixar ao leitor é que as crises empresariais começam na mente do gestor ou CEO.

Quaisquer comentários que os leitores achem por bem fazer poderão ser enviados para os e-mails luiscastanedam@yahoo.com ou luiscastanedam@gmail.com.

Introdução

Esta é a história de um empreendedor cuja *start-up* começou muito bem e cresceu, e cujo desempenho, nos últimos dois anos, começou a piorar de forma visível. Como muitos outros empreendedores, o protagonista da nossa história, Roberto, utilizando os seus amplos conhecimentos de tecnologia, lançou-se na criação da sua empresa sem mais recursos do que o seu capital intelectual e um pouco de dinheiro. Faltavam-lhe, no entanto, ferramentas vitais: conhecimentos de gestão empresarial e técnicas para tomar decisões eficazes, utilizando a neurociência, para evitar correr riscos e eliminar os vícios cognitivos que levam a que mesmo os gestores de mais alto nível cometam erros primários. Felizmente para Roberto, o principal investidor na empresa, André, que fundou vários negócios de grande sucesso, estava disposto a ajudá-lo a sair do fosso. Não lhe dizendo o que fazer, mas pondo-o a pensar e ajudando-o a tomar as decisões corretas que podiam levar à recuperação da empresa, que chegara a um estado crítico.

O dia tinha sido escuro e triste como poucos. Eram 18 horas e os chefes de departamento acabavam de fazer a apresentação semestral de resultados a Roberto, o CEO da empresa. Os resultados eram piores que os do semestre anterior, e notava-se que Roberto estava seriamente preocupado. Que explicação iria dar aos acionistas, que ainda não tinham recuperado o investimento? Os lucros que a empresa tinha conseguido gerar durante os dois últimos anos tinham sido investidos no crescimento da empresa. Se a situação continuasse como os números sugeriam, a empresa iria à falência no curto prazo ou, quando muito, no médio prazo. Já no semestre anterior a empresa tinha dado prejuízo. Roberto acreditava que podia reverter a situação, mas não tinha conseguido.

Terminada a reunião, Roberto regressou ao seu gabinete, sentou-se num sofá e focou a sua estante de livros onde tinha uma coleção de bonecos da série de filmes da Star Wars. Para descarregar a tensão, levantou-se e pegou na figura de Yoda*, perguntando-lhe: «Yoda,

* NT.: O Yoda é um sábio Mestre Jedi que liderou o Conselho Jedi por muitos anos.

colocando-te no meu lugar, o que farias?». Voltou a colocar a figura do Yoda no seu lugar, sentou-se e começou a refletir seriamente sobre o que poderia estar a passar-se na sua empresa. «Que diabos teremos feito de errado? Será o produto? Terá que ver com o mercado ou com a concorrência? Será a estratégia que está mal desenhada ou implementada? Será uma questão de pessoal, sobretudo de não contar com o talento adequado a nível de chefes de departamento? Que raios está a acontecer connosco?»

Havia uma série de perguntas para as quais não tinha respostas imediatas. Nas respetivas apresentações os chefes de departamento foram alvitrando palpites e explicações, mas nenhuma convenceu Roberto. Todos prometeram fazer a sua parte para dar a volta à situação, e ficaram de apresentar um plano de ação dentro de uma semana. Mas Roberto já não queria ficar à espera. Precisava de pensar «fora da caixa», e decidiu que precisava de recorrer a ajuda externa. Não podia sequer pensar em apresentar resultados aos acionistas que não fossem acompanhados por um plano credível para reverter a situação. Um plano que fosse convincente e os motivasse a manter o financiamento da empresa, cuja tesouraria estava à beira da rutura.

Pegou no telefone e pediu à assistente que entrasse em contacto com André, o acionista principal, um empresário com muito êxito que já lhe tinha dado valiosos conselhos em ocasiões anteriores. Roberto sabia que estava obrigado a ser brutalmente honesto com André, pois era a única forma de conseguir que a empresa sobrevivesse.

— André, desculpa que te ligue a estas horas, mas preciso de reunir contigo com urgência.

— E qual é a emergência? — perguntou André.

— Os nossos resultados têm vindo a deteriorar-se e gostaria que os analisasses antes de os divulgar aos restantes acionistas. Mas realmente o mais importante é que me ajudes a analisar soluções para reverter a situação. Já viveste crises nas tuas empresas e sempre as conseguiste superar...

— Pelo que dizes, dá-me a sensação de que a situação é grave, certo?— questionou André.

— Sinceramente, acho que sim — respondeu Roberto, com um certo desânimo. — Se quiseres posso ir agora ao teu escritório — acrescentou.

— Não, prefiro ir eu aí — disse André, pensando que, dessa forma, teria acesso imediato à informação que considerasse pertinente para aprofundar o conhecimento sobre a situação da empresa. — Amanhã pelas 10 da manhã estarei aí — concluiu.

— Perfeito, terás o café especial da minha assistente à tua espera!

— Boa. Até amanhã, então!

André tinha assistido recentemente a um seminário sobre a aplicação da neurociência ao processo de tomada de decisões de alto nível e estava ansioso por utilizar os conhecimentos adquiridos ou, pelo menos, para os poder partilhar. Uma das lições aprendidas era que na recuperação de empresas em problemas o mais importante era pensar corretamente. No entanto, aquilo que se via frequentemente era gestores experientes e muito inteligentes a cometerem erros garrafais durante esse processo. Essa seria a principal razão, segundo lhe tinha dito um dos formadores espanhóis do seminário, para que não houvesse tantos livros escritos sobre o processo de tomada de decisões quantos os que havia sobre formulação de estratégias e liderança. Recordou a metáfora do CAN* que um conferencista usara durante a sua apresentação. São as iniciais das palavras «Complacência», «Arrogância» e «Negação» que, em conjunto, representam um cão raivoso que pode morder e infetar qualquer um — mesmo os CEO de empresas que fazem parte da lista «Fortune 500», as quinhentas maiores empresas a nível mundial, como já aconteceu em mais de uma ocasião na história dos negócios.

André aprendeu também que havia muitos desvios de pensamento, vícios e tendências cognitivas que, de maneira inconsciente, afetam o processo de tomada de decisões, gerando crises e mesmo falências empresariais.

Decidiu que, em vez de dizer a Roberto o que deveria fazer para tirar a empresa de problemas, o ensinaria a aperfeiçoar a sua forma de pensar no momento em que tivesse de tomar decisões. Trataria de lhe incutir o conceito de que um CEO deve pensar como Einstein e decidir como Churchill. Ou seja, pensar como um cientista, e decidir e atuar como um estadista. Estava convencido de que Roberto conhecia bem o seu negócio, mas que o seu cérebro o estava a atraiçoar sem que se desse conta.

Na reunião que teria com Roberto, no dia seguinte, iria concentrar-se para perceber a forma como ele tomava decisões, e analisaria as principais decisões tomadas nos últimos meses para conseguir detetar as que poderiam ter levado à situação difícil da empresa.

Depois dessa conversa preliminar, decidiria se não seria melhor esperar mais algum tempo antes de apresentar os resultados aos

* Alusão a «cão». [*N. T.*]

outros acionistas. Era importante que Roberto apresentasse aos acionistas um plano bem pensado e realista para recuperar a empresa. Se não ficasse convencido que Roberto era a pessoa certa para o fazer, sugeriria aos seus sócios investidores que substituíssem Roberto, trazendo alguém de fora com experiência em recuperação de empresas, que os ajudasse a proteger o seu investimento.

Após falar com André, Roberto pôs-se a preparar a reunião do dia seguinte, analisando os relatórios dos chefes de departamento e tratando de descortinar explicações plausíveis nos números para os resultados negativos dos últimos dois anos, período em que os problemas se começaram a manifestar e avolumar. Roberto regressou a casa pelas 20 horas. Ao chegar, a sua esposa perguntou-lhe o que desejava jantar. Respondeu que apenas tomaria um chá. Não tinha fome, apesar de ter tido um almoço muito leve sem sair da empresa. Esperava que o chá o ajudasse a relaxar. Dirigiu-se ao escritório e começou a relembrar os passos que tinha seguido desde o nascimento da sua empresa.

Usufruindo das novas tecnologias que surgiram com a Internet, Roberto tinha convidado anos atrás os seus melhores amigos a fundar uma empresa. O seu pai tinha-lhe emprestado o «dinheiro semente» suficiente para arrancar com o projeto, pois naquela altura nem ele nem os amigos dispunham de recursos para o fazer. Tinham uma ideia, um sonho, e uma enorme vontade de o tornar realidade.

Como tantos outros empresários, nem Roberto nem os amigos tinham experiência em gestão empresarial, apenas tinham os conhecimentos técnicos, ao ter concluído a licenciatura em engenharia informática, sobre como utilizar a Internet para criar serviços.

A empresa tinha arrancado com êxito, e muito rapidamente precisaram de mais capital para financiar o crescimento. Foi assim que Roberto conheceu André, que fazia parte de um grupo de investidores que financiavam start-ups. A primeira coisa que André pediu a Roberto foi que lhe apresentasse um plano de negócios, e deu-lhe um guia dos pontos que esse plano deveria conter. Deu-lhe também um exemplo de uma das empresas que tinha fundado no passado, que tinha tido e continuava a ter êxito no mercado, e era muito parecida ao que Roberto queria desenvolver no mercado.

Roberto e os amigos meteram mãos à obra, prepararam um plano de negócios credível e apresentaram-no a André, que o reviu com a sua equipa, chegando à conclusão de que o projeto era viável. André decidiu, portanto, apresentá-lo ao seu grupo de investidores para conseguir financiamento para a empresa de Roberto.

Com financiamento disponível e um plano de negócios sólido, a empresa de Roberto começou a crescer rapidamente, pelo que houve necessidade de contratar mais pessoal. Muito rapidamente a empresa chegou ao *breakeven* [ponto de equilíbrio] e começou a dar um lucro modesto, mas em linha com o que era normal ver em situações similares de start-ups que tinham conseguido superar a fase inicial de arranque.

O êxito de certa forma cegou Roberto, que julgou poder acelerar o crescimento criando novos serviços e acrescentando pessoal, sendo que o fez de forma pouco planeada e estruturada.

Os novos serviços não deram o resultado esperado, tendo consumido uma boa fatia dos recursos disponíveis e a rentabilidade da empresa entrou em declínio. Roberto tomou várias decisões para dar a volta à situação, mas nenhuma teve os resultados esperados. Já no semestre anterior ao que acabava de terminar a empresa tinha dado prejuízo, no entanto, o empresário estava convicto na altura de que se tratava de uma situação passageira e que conseguiria reverter os maus resultados. Mas como via agora, ao analisar os números de fecho deste semestre, não era assim, os prejuízos tinham aumentado consideravelmente nos últimos seis meses.

Roberto sentiu-se invadido por suores frios e uma sensação de pânico, que se refletia no seu ânimo enquanto bebia em pequenos sorvos a sua infusão de ervas, não conseguindo chegar a nenhuma explicação plausível para o que estava a acontecer.

Pela uma da madrugada finalmente foi vencido pelo cansaço e adormeceu rapidamente, certamente ajudado pelo efeito calmante do chá.

Mas pelas cinco da manhã despertou em sobressalto, e num grande estado de ansiedade. Levantou-se discretamente, para não despertar a esposa, arranjou-se, tomou um pequeno-almoço ligeiro, contrariamente ao que era habitual, e seriam umas 6h30 quando arrancou para o escritório da empresa. Ao chegar, apenas o segurança da noite se encontrava nas instalações.

— Muito bom dia, Eng. Roberto, a que se deve chegar hoje tão cedo? — perguntou o segurança.

— Bom dia, José. É verdade, hoje estou cheio de trabalho.

Sentou-se na sua mesa de trabalho e voltou a analisar os relatórios que lhe tinham entregado no dia anterior, na esperança de encontrar alguma indicação precisa que lhe permitisse resolver o problema (ou conjunto de problemas) que estava a afetar a empresa.

Entretanto a sua assistente e o resto do pessoal foi chegando. Cada chefe de departamento, ao chegar, cumprimentava Roberto, mas ao ver o seu semblante carregado nenhum ficou para dar dois dedos de conversa. Provavelmente sentiam também parte da culpa pelo que estava a suceder na organização.

As horas iam passando e pareciam infindáveis. Esperava ansiosamente pela chegada de André, que era de uma pontualidade obsessiva. E, efetivamente, às 10h00 em ponto a sua assistente veio anunciar que André tinha chegado à empresa. Roberto foi à porta receber o seu amigo, investidor e mentor.

— André, bons olhos te vejam! Pontual como um relógio atómico.

— Olá, Roberto, que bom ver-te. Mas diz-me lá, estás com ar de quem dormiu pouco e mal... — indagou André.

— Sim, dormi só umas horitas — respondeu Roberto, em voz baixa.

— Pelo que me adiantaste ontem ao telefone, parece que as coisas não andam lá muito bem — disse André num tom de voz preocupado.

— É bem verdade! — exclama Roberto. — Foi por isso que te liguei ontem mal terminou a reunião de análise e discussão dos resultados semestrais.

— Estava convencido de que iam conseguir controlar os problemas, ou pelo menos diminui-los, ao longo deste semestre — disse André num tom ligeiramente reprovativo. — Infelizmente estive demasiado ocupado nestes últimos meses. O nosso grupo já tem 16 empresas nas quais investe, pelo que não pude estar mais próximo de vocês. Mas hoje tenho umas 4 horas para vos dedicar, pelo que deveríamos começar já — concluiu.

— Queres aquele expresso especial preparado pela minha assistente?

— Claro, e não fiques surpreendido se algum dia a levar para a minha empresa — brincou André.

— Só por cima do meu cadáver — disse Roberto, sorrindo.

— Antes que me esqueça, trouxe-te um livro que contém uma lista exaustiva e atualizada das principais causas que costumam estar na génese de crises empresariais. O título é bem elucidativo, *Como destruir uma empresa em 12 meses... ou antes*. Vais ver que te será útil para identificar causas prováveis dos problemas que vocês estão a enfrentar. Nesta fase não precisas sequer de o ler de fio a pavio, bastar-te-á ler os títulos dos vários capítulos e, quando muito, os exemplos das causas que mais se assemelham ao que estás a viver nesta empresa, para estabelecer paralelos — disse André, enquanto lhe entregava o livro. — Agora faz-me lá um resumo dos relatórios de resultados.

Roberto dedicou quase uma hora a dissecar da forma mais sucinta possível os resultados do semestre. André ia tomando notas no caderninho que sempre o acompanhava. Por vezes, interrompia brevemente para perguntar algo ou pedir um esclarecimento adicional.

— Quando decidimos avançar com o financiamento à empresa, pedimos-te um plano estratégico, e efetivamente elaboraste-o. A minha pergunta é: a execução desse plano tem sido seguida à risca, completa e corretamente? — perguntou André.

— Maioritariamente, sim — respondeu Roberto.

— Bom, mais adiante tratarei de entender o que representa esse teu «maioritariamente». Continua.

Roberto continuou mais uns minutos e finalmente disse:

— Isto é, salvo melhor opinião, uma visão de tudo aquilo que para mim é importante que saibas.

— OK, já tenho uma ideia clara dos resultados que, em conjunto com os do semestre anterior, deixam antever sérios problemas já no curto prazo, se não se fizer nada para estancar a hemorragia. Mas adianto-te já que não serei eu a dizer-te o que tens de fazer. Serás tu a tirar conclusões depois de eu partilhar contigo alguns ensinamentos e ideias que recebi num seminário ao qual assisti recentemente, que me fez ver que as crises empresariais começam, invariavelmente, na cabeça do gestor — disse André.

— Li alguns livros de gurus da gestão, cheguei a aplicar algumas sugestões desses livros, mas não resultaram — comentou Roberto.

— Deixa-me dizer-te que a maioria desses gurus baseiam os seus livros e conclusões em estudos aprofundados feitos em determinadas empresas ou setores de atividade. Chegam inclusivamente a gerar modas na gestão de negócios, ao ponto de empresários como tu e eu nos sentirmos tentados a aplicar essas tendências de gestão nas nossas empresas. Mas infelizmente na maior parte das vezes não dão resultados. Para começar, não há no universo empresarial duas empresas exatamente iguais. Cada empresa tem o seu ADN específico e cada CEO tem o seu cérebro ligado também de maneira muito própria e específica. Para complicar ainda mais, o ambiente em que as empresas se movem não é imutável. O livro *In Search of Excellence*, dos autores Tom Peters e Bob Waterman, fez dos autores de livros de negócios autênticas celebridades. Foi o primeiro *bestseller* na literatura de negócios, e depois desse seguiram-se muitos outros. Todos os anos publicam-se centenas de livros de negócios, sendo que a maioria passa totalmente desapercebida. Mesmo assim, muitos deles influenciaram o tipo de gestão de vários gestores e empresários, que os leram e assistiram a seminários dados pelos seus autores.

André fez uma pausa para beber outro expresso, e Roberto aproveitou para comentar:

— A conclusão a que chego é que não podes confiar em ninguém para gerir corretamente a tua empresa.

— Exato — retorquiu André. — O importante a reter é que não há receitas milagrosas para garantir que a tua empresa vai triunfar. Além do mais, investigações feitas aos resultados que serviram de base às teses desenvolvidas em muitos desses livros escritos por gurus da gestão revelaram que o processo de investigação nem sempre foi conduzido da maneira mais rigorosa, pelo que as conclusões nem sempre são verdadeiras. Mas como os gestores procuram muitas vezes o caminho fácil das fórmulas «enlatadas», milagrosas, em vez de usar o seu pensamento de forma crítica e aproveitar os conhecimentos que hoje existem sobre a forma como funciona o nosso cérebro, caem frequentemente na tentação de recorrer ao guru da moda. Da mesma forma que não há dietas milagrosas para o combate à obesidade, seguir as tendências da moda para resolver os problemas das empresas pode causar-lhes situações ainda piores do que já tinham. Digo-o por experiência própria, pois quase levei uma das minhas empresas à falência por seguir uma técnica de gestão recentemente muito em voga — concluiu André.

— Grande susto que apanhaste, não? — perguntou Roberto.

— Sem dúvida. Partilho contigo o que Phil Rosenzweig, autor do bestseller *The Halo Effect**, escreveu sobre o método de investigação e pesquisa seguido por Tom Peters e Bob Waterman quando estavam a escrever o *In Search of Excellence*. Segundo Rosenzweig, o método seguido pelos autores tinha dois erros básicos. O primeiro é que os dados usados na pesquisa estavam muito provavelmente contaminados pelo «efeito halo», que consiste em escolher subjetivamente aspetos que se considera poder ter contribuído para o bom desempenho de uma empresa, quando esses aspetos são já resultados

* *O efeito halo*, sendo que halo é a auréola que costumamos ver a rodear a cabeça dos santos da igreja. [*N. T.*]

desse desempenho. Ou seja, são atributos «post-facto», algo que se pode ler na imprensa. É quase como se eu dissesse «este é o resultado, pelo que a causa que originou deve ser esta». O segundo erro, segundo Rosenzweig, é que os autores analisaram uma amostra constituída por companhias excelentes e extraordinárias, cujas práticas não eram facilmente copiáveis, muito menos quando o ADN da empresa «copiona» divergia significativamente do da empresa que se tratava de copiar.

— Então não devemos perder tempo a ler livros de negócios — remata Roberto.

— Nem oito, nem oitenta! — contrapõe André. — Olha que o mundo das empresas não é só preto, ou só branco, há muito cinzento pelo meio. O que devemos fazer é pegar numa ideia e analisá-la criticamente para ver se serve na nossa empresa. Sei de casos em que um CEO saiu de uma conferência que o impressionou, chegou à sua empresa, reuniu os diretores de topo, e deu ordens para implementarem uma ou mais ideias da conferência, assim sem mais, apenas porque o guru o tinha impressionado e as ideias lhe pareciam fabulosas! O mesmo pode acontecer-nos depois de ler um livro que nos parece conter ideias brilhantes.

— E agora é que mo dizes! — exclamou Roberto. Confio sempre naquilo que leio, particularmente se o autor tem um bom currículo — acrescentou.

— Atenção que não estou a inferir que os tais gurus dos negócios sejam impostores, apenas que os métodos que utilizaram para chegar às conclusões que nos apresentam podem não ter aplicabilidade universal, e também que muitas vezes a pesquisa que fazem para chegar às conclusões nem sempre são feitas de maneira científica e completa. Há casos no entanto em que um livro pode estar assente em investigação documental. Um bom exemplo é o *Built to last**, escrito por Jim Collins e Jerry Porras. Segundo Rosenzweig, os autores leram mais de 100 livros e consultaram mais de 3000 documentos. Fizeram ainda *case studies* preparados pelas Universidades de Harvard e Stanford, e pesquisaram centenas de jornais e de artigos para comparar as empresas que são mencionadas no livro, com outras similares, do mesmo ramo ou indústria, mas com menor êxito. Tendo obviamente a intenção de descortinar práticas de sucesso que possam ser replicadas noutras empresas. Também

* *Construído para durar.* [*N. T.*]

o *efeito halo* está presente nesta metodologia. Para que os dados recolhidos estivessem realmente livres deste efeito, seria necessário que a sua recolha tivesse sido feita de forma realmente independente dos resultados obtidos, pois *a posteriori* um determinado resultado pode ter muitas causas e origens, pode explicar-se de muitas maneiras, e não ter sido originado necessariamente pelos atributos que destacamos como sendo os responsáveis por esse resultado — conclui André.

— Estás então a dizer-me que o *benchmarking* não funciona? — perguntou Roberto.

— Claro que não — continua André. — O problema reside no facto de os gestores quererem aplicar as fórmulas que escutam ou leem tal qual são praticadas nas empresas que servem de exemplo aos livros e aos *case studies*. Um bom médico não receita igual dosagem de um medicamento a dois pacientes, mesmo que os sintomas sejam semelhantes, pois tais sintomas podem advir de doenças diferentes. Como me disse um médico uma vez: «Se todos os corpos fossem iguais, a Medicina seria uma ciência e não uma arte!» Bom, a gestão empresarial é acima de tudo uma arte mas, tal como a Medicina, assenta numa boa dose de ciência.

— Agora entendo porque os CEO das grandes empresas de classe mundial são tão bem pagos — comentou Roberto.

— Sim — diz André, acrescentando — Muitos gestores não entendem que a correlação nem sempre indicia a causa. Assumem que o facto de uma coisa acontecer em simultâneo com outra é porque uma está causando a outra. Esta forma de pensar pode levá-los a tomar decisões erradas, causando graves problemas às suas empresas. Para que a causa X leve à situação Y precisam de se dar 3 condições: A primeira é que X ocorra antes de Y; A segunda é que deve existir uma relação funcional entre X e Y, incluindo o requisito de que a causa e o efeito possam aplicar dois ou mais valores; E a terceira é que para que X seja a causa de Y, não pode haver um outro fator Z que cause X e também Y.

— Eh pá, já me deixaste confuso, dá-me lá um exemplo concreto — pediu Roberto.

— *Okapa*. Vejamos a hipótese de que «uma boa cultura organizacional (X) gera um bom desempenho do negócio (Y)» e juntemos as nossas três condições: X pode ir antes de Y, certo? Mas neste caso Y também pode acontecer antes de X. Ou seja, uma empresa com êxito pode gerar uma boa cultura empresarial. Esta primeira condição não se dá no nosso exemplo. A segunda condição dá-se, ou seja, a existência de uma boa cultura de empresa *versus* não ter nenhuma cultura de empresa aumenta indiscutivelmente a probabilidade de um bom desempenho da empresa. Vejamos agora a terceira condição. Uma boa liderança (Z) tanto pode explicar uma boa cultura de empresa (X), como um bom desempenho da empresa (Y). Esta terceira condição também não se verifica. Podemos assim concluir sem receios que a existência de uma boa cultura organizacional, por si só, não gera um bom desempenho da empresa, ainda que estejam correlacionadas. Ficou claro? — concluiu André.

— Claro como água — aquiesceu Roberto.

— O problema com as teses defendidas pelos gurus é simples. As suas receitas não são de aplicação universal. Tal como no campo da nutrição humana, os estudos baseiam-se essencialmente na observação empírica. A vida e o desempenho das empresas não estão sujeitos às leis imutáveis da Física. Não existe uma Física empresarial. São tantos os fatores internos e externos que incidem na vida de uma empresa, que é virtualmente impossível prever a sua evolução de maneira precisa.

—Então para que diabos existe o planeamento estratégico? — perguntou Roberto, num tom desanimado.

— Para começar, um plano estratégico não fica gravado em pedra. É necessário ajustá-lo periodicamente, muitas vezes de forma trimestral, sobretudo quando vivemos num enquadramento V.I.C.A. — explicou André.

— Lá estás tu com os acrónimos, explica lá o que é isso de V.I.C.A. — pediu Roberto.

— Volátil, Incerto, Complexo, Ambíguo. Não achas que é precisamente o contexto atual em todo o mundo? — perguntou André.

— Sem dúvida, é isso mesmo que estamos a viver. Tudo é volátil. A incerteza reina em todos os aspetos das nossas vidas. O grau de complexidade no mundo dos negócios aumentou, é cada vez mais difícil definir com exatidão as respostas de que precisamos, pois é tudo confuso e nebuloso. Como pode uma pessoa gerir uma empresa assim? — assentiu Roberto.

— Pois, mas olha que isso não pode ser pretexto para fracassar; antes pelo contrário, deve estimular-nos a utilizar melhor o nosso cérebro. Vivemos tempos que requerem que trabalhemos melhor o nosso poder neuronal, e felizmente há hoje ferramentas tecnológicas e científicas que permitem fazê-lo. A neurociência permite-nos tomar melhores decisões, ou pelo menos evitar tomar decisões desastrosas como aquelas que estão bem descritas no livro que te dei — respondeu André.

— É caso para dizer que o que se precisa é de boa sorte — contrapôs Roberto.

— Olha, ainda bem que tocas nesse tema! É inegável que a sorte e o azar também desempenham um papel importante na vida das empresas, tal como na nossa vida pessoal. Tenho esses fatores sempre presentes. Como podes ver, neste meu caderno tenho anotada uma citação de Daniel Kahneman, Prémio Nobel e autor do livro *Thinking Fast and Slow**. Deixa-me ler-ta:

«ÊXITO = ALGUM TALENTO + SORTE
GRANDE ÊXITO = ALGUM TALENTO + MUITA SORTE»

...Kahneman desenvolve este tema da seguinte forma: «Como a sorte tem um grande papel na vida das empresas, o êxito de uma empresa não pode ser justificado apenas pela qualidade da liderança e das praticas de gestão.» Diz ainda: «Mesmo que tivéssemos um conhecimento prévio de que um determinado CEO tem uma visão brilhante e é extraordinariamente competente e talentoso, seríamos incapazes de prever como essa empresa se comportará no futuro com maior precisão do que a que teríamos se lançássemos uma moeda ao ar. Perante o azar, os padrões não passam de ilusões ou miragens. A ilusão que criamos de que ao termos entendido o passado somos capazes de poder prever e, sobretudo, controlar o futuro é enganadora. Mas o ser humano precisa de motivação e não há nada mais tranquilizador e motivador do que pensar que as ações têm consequências proporcionais, e que o êxito será sempre a recompensa da sabedoria e da coragem. Muitos livros de negócios são concebidos para satisfazer essa necessidade de tranquilidade que o ser humano requer.»

— Ou seja, para decidir é apenas necessário deitar a moeda ao ar e, consoante calhe cara ou coroa, tomamos uma decisão — ironizou Roberto.

— Como é óbvio, não é bem assim. Deixa-me lá continuar a ler o que Kahneman escreveu sobre este tema — contrapôs André. — «Então, os líderes e as práticas de gestão não influem nos resultados das

* *Rápido e Devagar — duas formas de pensar* [N.T.].

empresas e do mercado? Claro que sim, e os efeitos práticos foram comprovados mediante a investigação sistemática que avaliou objetivamente as características dos CEO e as decisões que tomaram, e as relacionou com os resultados subsequentes das empresas que geriam. Num estudo, os CEO foram categorizados pelas estratégias adotadas pelas empresas que dirigiam antes de vir ocupar o cargo atual, assim como as regras e procedimentos adotados depois de terem vindo para a nova empresa. E o resultado a que esse estudo chegou é que os CEO influem certamente no desempenho, mas os efeitos práticos são bem menores do que a imprensa de negócios normalmente sugere.» Bom, meu caro Roberto, depois de teres ouvido isto não venhas cá com tretas para justificar que os maus resultados da tua empresa se devem à má sorte e não às decisões que tomaste e à execução do plano estratégico. Com ou sem sorte, uma boa decisão inclina sempre o prato da balança para o lado do êxito, e a probabilidade de triunfar será sempre maior do que 50%. Voltaremos a falar deste tema noutro dia. Numa próxima reunião analisaremos em conjunto as decisões mais importantes que tomaste nos últimos dois anos. E para que possas estruturar o teu pensamento e preparar-te para essa reunião, aqui te deixo este breve questionário — terminou André, entregando a Roberto uma folha com o seguinte texto:

GUIA PARA AVALIAR OS RESULTADOS DE UM DETERMINADO PERÍODO

Durante o semestre / exercício anterior:

O que fizemos bem?
Onde errámos? O que fizemos mal?
O que ficou por fazer?
O que não devíamos ter feito?
O que devíamos ter feito de maneira diferente?
O que devemos cortar de imediato?
O que devemos mudar de imediato?
O que mudou ou está a mudar no ambiente que nos obrigue a alterar ou adaptar os planos, assim como a forma de os implementar?
O que devemos começar já a fazer?
Que obstáculos enfrentamos agora que não considerámos?
Estamos a trabalhar sob que pressupostos ? Continuam válidos? Podem deixar de ser válidos num futuro próximo?

O que podemos melhorar rapidamente?

Que acontecimento nos obrigam a mudar algo?

— É fundamental, até mesmo essencial, que respondas a este questionário com a participação ativa da tua equipa de direção. Sinceramente espero que deixes os teus *direct reports* participar na tomada de decisões, mesmo que a decisão final seja sempre tua — continuou André. — Numa outra reunião que tivermos para avaliar resultados dar-te-ei uma cópia da lista *Funções especiais de um CEO*, que espero que te ajudem a otimizar o trabalho. Que te parece se voltarmos a reunir dentro de sete dias à mesma hora? — perguntou André.

—Claro, aqui novamente? — perguntou Roberto.

—Sim, não iria perder o expresso da tua assistente por nada deste mundo — terminou André.

André saiu preocupado das instalações de Roberto. Os resultados do semestre eram desanimadores. Esperava que o livro que lhe deixou, para que pudesse identificar as possíveis causas da crise da empresa, assim como as respostas que desse com a sua equipa ao questionário de avaliação dos resultados do período, lhe dessem uma boa série de pistas sobre as verdadeiras causas que provocaram a deterioração do desempenho da empresa.

Roberto, por sua vez, ficou a pensar profundamente naquilo que André lhe tinha dito. Julgava que estava a desempenhar um bom papel enquanto CEO da empresa que tinha fundado. Não era certamente por falta de empenho. Trabalhava muitas horas, sábados incluídos, estes últimos a partir de casa. Ainda não tinha tirado um período formal de férias no último ano, excetuando um par de fins-de-semana em que foi com a família para um *resort*, apesar de que ficava sempre ligado ao trabalho a partir na espreguiçadeira na praia.

Era um homem com muitas ideias. Estava sempre a matutar em coisas e projetos. Quando tinha uma ideia não descansava enquanto não a punha em prática, sem grande planificação. O problema é que a sua forma de ser distraía a equipa, ocupado que estava com projetos que lhe tinham ocorrido apenas poucas semanas antes. Por isso, alguns projetos prometedores ficavam a meio caminho. Pior ainda. Outros bem interessantes chegaram a implementar-se de forma errada, pela celeridade que Roberto exigia à sua equipa.

Ao ser um homem de ação imediata, não tinha ficado muito satisfeito com a batelada de tarefas que André lhe tinha deixado como trabalho de casa, mas tinha fazê-lo se queria continuar a contar com o apoio dos acionistas. Ou cumpria com as tarefas ou sentenciava a sua empresa a uma morte certa.

Folheou displicentemente o livro que André lhe tinha oferecido. Continha dezenas de causas geradoras de crises nas empresas, muitas delas podendo levá-las à falência. Ao sobrevoar as páginas, conseguiu identificar uma ou outra que bem vistas as coisas até podiam aplicar-se à sua empresa. Por isso, decidiu guardar uma leitura mais atenta para quando chegasse a casa.

O resto desse dia de trabalho foi passado a resolver uma série de questões operativas de serviço que tinham ficado pendentes. Decidiu também que antes de distribuir o questionário pela sua equipa, trataria de dar ele mesmo as respostas que achasse corretas segundo o seu critério de análise. Seria interessante ver posteriormente que tipo de respostas obtinha da sua equipa e os parâmetros coincidentes.

Já em casa, depois de jantar, Roberto sentou-se comodamente no sofá e começou a ler o livro que André lhe oferecera. A obra estava dividida em várias secções: Erros e Omissões na Área de Gestão e Estratégia, Erros e Omissões na área de Administração e Finanças, Erros e Omissões na área do Marketing, Erros e Omissões na área da Gestão de Talento e Cultura Organizacional e, ainda, Erros e Omissões na área de Operações. Decidiu começar a ler os cabeçalhos de cada secção, aqueles que descrevem cada um dos erros ou omissões, e ler o conteúdo sempre que encontrasse alguma definição que lhe parecesse poder aplicar-se à empresa. Foi lendo e passando as páginas à medida que ia marcando metodicamente os parágrafos que considerava relevantes, lendo-os cuidadosamente. Ao fim de duas horas, já tinha identificado vários erros e omissões que tinha cometido desde a fundação da empresa e que, na sua opinião, poderiam bem ser os causadores da crise em que estavam submersos.

Esgotado pela intensidade e tensão das atividades do dia, enfiou-se na cama. A sua mulher já dormia tranquilamente. Ele também não tardou a adormecer profundamente, pois sentia que, tendo já identificadas as principais causas dos problemas que afligiam a empresa, rapidamente chegaria às soluções para sair do fosso em que se tinha metido.

O despertador tocou à hora habitual. Roberto levantou-se de imediato. O sono tinha sido reparador, apesar de que durante a noite o seu cérebro não tinha deixado de trabalhar de forma subconsciente.

Acordou cheio de ideias e revelações. Está já comprovado que durante o sono as memórias consolidam-se e se consegue idealizar soluções para os problemas que se deitam connosco. O processo do sono ajuda também a limpar o cérebro de toxinas e outros desperdícios.

Terminada a sua rotina matinal, Roberto despediu-se da família, entrou no carro e dirigiu-se aos escritórios da empresa, que ficavam a 40 minutos de casa. Ao chegar, a sua fiel assistente preparou-lhe o imbatível café expresso, só que desta feita era descafeinado. Conhecia o seu chefe tão bem que podia dar-se conta, só de o olhar, quando ele estava preocupado, pelo que decidiu por si própria cortar-lhe a cafeína nessa manhã.

A primeira coisa que Roberto lhe pediu foi que fizesse cópias do questionário que André lhe tinha deixado no dia anterior. Com as cópias na mão, convocou todos os chefes de departamento para uma reunião às 10h00, pedindo-lhes que cancelassem qualquer compromisso que tivessem a partir daí, reservando o dia e o almoço para essa reunião.

Tirou da sua pasta a lista de erros e omissões a que tinha acedido na noite anterior. Eram vários. Em conjunto com a sua equipa determinaria se teria ou não escolhido os corretos.

A reunião arrancou às 10h em ponto, com a presença de todos. A sala de reuniões tinha um quadro que mostrava Yoda, o sábio da série de filmes *Star Wars*, com a frase DIFFERENT THINK [Pensa diferente]. Esse quadro tinha-lhe sido oferecido por um dos seus chefes de departamento, conhecendo a paixão que Roberto tinha por *Star Wars*.

Steve Jobs, o fundador da Apple, numa das suas campanhas publicitárias usou a frase «think different» em vários quadros de figuras históricas como Picasso, Einstein, etc... Yoda, o sábio do *Star Wars*, usava frequentemente a sintaxe invertida, razão pela qual neste quadro com a sua figura aparece o «think different» ao contrário.

O importante era o princípio declarado, a importância de pensar diferente, que Roberto usou como guia ao princípio, mas que pouco tempo depois deixou de aplicar. Como tantos outros CEO, caiu no buraco negro do conformismo e da rotina, sem dedicar tempo suficiente ao pensamento profundo, como recomendaria o «Pai da Qualidade Total», Edwards Deming.

Roberto entregou um exemplar do questionário a cada um dos chefes de departamento e disse-lhes:

— Colegas, não podemos deixar que as coisas continuem assim. Como Einstein costumava dizer, «se continuarmos a fazer as coisas da mesma maneira, continuaremos a obter os mesmos resultados». Como sabem, ontem estive reunido com o André, o nosso principal acionista. Não vou relatar todos os pontos em que tocámos, mas posso partilhar convosco a principal mensagem que recebi. Ele não nos vai dizer o que temos de fazer para sair do fosso, mas vai ser o nosso mentor e guia para que sejamos nós a chegar ao plano de ação, ou melhor, de resgate, que é necessário conceber e implementar. Para começar, vou distribuir entre todos uma cópia do questionário que recebi do André e a que todos devemos responder. Estamos no mesmo barco, pelo que também deverão contribuir para que o barco se mantenha à tona da água. Concordam? — perguntou Roberto.

Todos anuíram. Tal como Roberto, todos sem exceção estavam profundamente preocupados com a situação difícil da empresa. Dois dos chefes de departamento foram fundadores em conjunto com Roberto, e teriam muito a perder se a empresa falisse. Um deles, Miguel, interveio:

— O André tem toda a razão. Não podemos ficar de braços cruzados à espera que alguém nos diga o que fazer. Creio que perdemos o Norte, e assumo a minha quota parte de responsabilidade. Confesso que muitas vezes optei por ficar calado apesar de não concordar com o que estava a acontecer. Não estou a culpar ninguém, apenas a mim próprio, pois como diz a sabedoria popular «quem cala, consente».

— Obrigado pela tua franqueza e honestidade, Miguel — respondeu Roberto, que prosseguiu. — Bom, peço-vos que leiam a lista de questões com muito cuidado e que respondam com total transparência e sinceridade. Como é óbvio, ninguém será crucificado. Confio totalmente em todos vós. Se errámos, devemos aceitá-lo e seguir em frente. Estamos a tempo de corrigir o rumo, mas para isso precisamos de apresentar um plano de resgate aos nossos acionistas para que eles aceitem continuar a financiar o negócio. Têm 15 minutos para ler a lista.

Roberto chamou a sua assistente e pediu-lhe que não os interrompesse a não ser que houvesse alguma emergência.

Enquanto os chefes de departamento liam a lista, Roberto ia lendo a linguagem corporal e a expressão nos rostos dos presentes. Ele era muito bom a ler pessoas, habilidade que lhe serviu em muito boas ocasiões durante negociações difíceis.

— *Time out* — disse Roberto. — Comecemos pois com a primeira pergunta. Vá lá, avança tu, Miguel.

As perguntas iam sendo respondidas por cada um dos chefes de departamento. Roberto tinha deixado um «aviso à navegação», dizendo que ninguém podia ou devia criticar as respostas e opções escolhidas pelos outros colegas. Roberto manteve-se calado, e passou a reunião a tomar nota das respostas dos colegas. Sabia que se opinasse, consciente ou inconscientemente, muitos dos presentes sentir-se-iam tentados a concordar com o chefe, o que tiraria valor ao exercício. Roberto queria ver a que ponto os seus diretores conheciam o funcionamento da empresa. Também não aceitou desculpas, o que um ou outro se encarregou de fazer ao início. As respostas geraram uma boa dose de novas perguntas, o que enriqueceu o exercício.

As quatro horas que tinham decidido dedicar a esta fase passaram a voar. Roberto tinha uma enorme quantidade de folhas com notas que queria passar a limpo, rever e depois partilhar com André. Depois do almoço tinha ainda de resolver assuntos inadiáveis, pelo que decidiu fazer esse trabalho comparativo em casa.

Após o almoço, Roberto devolveu várias chamadas, assinou documentos urgentes, e respondeu aos emails que tinham chegado de manhã. A reunião tinha sido à porta fechada e sem interrupções, regra que valeu para todos.

Antes de regressar a casa, ligou para André. Desde o início que André o tinha posto à vontade, pedindo que lhe telefonasse sempre que considerasse necessário.

— Boa tarde, André, é o Roberto. Podemos falar? Não te levarei muito tempo!

— Não há problema, vamos lá — respondeu André.

— Fiz o trabalho de casa. Li o livro que me deste, assinalei e identifiquei vários erros e omissões que poderão estar na génese dos problemas que enfrentamos, e hoje estive reunido com a minha equipa para responder ao questionário que nos deixaste. O exercício foi realmente útil, uma excelente lição para todos. Revelaram-se coisas que nunca imaginei serem possíveis. Este fim-de-semana irei elaborar um relatório para comentar contigo. Quando nos vemos? — perguntou Roberto.

— Temos agendada uma reunião na próxima quarta-feira às 10h, OK? — confirmou André.

— Perfeito! Aguardo ansiosamente pela reunião, pois agora que tenho uma ideia mais clara da situação precisava de testar contigo umas ideias e obter *feedback* para dar início à recuperação da empresa — diz Roberto, denotando um certo grau de ansiedade. — Desejo-te um bom fim-de-semana — acrescentou.

— Para ti também, Roberto.

André ficou a matutar. «Preciso de assegurar-me de que o Roberto não suponha que lhe resolva os problemas da empresa. Espero que depois de ler o livro tenha conseguido entender que os erros e omissões de gestão de uma empresa não são culpa do Governo ou do enquadramento. As causas do fracasso empresarial podem encontrar-se sempre nas mentes dos gestores, na sua maneira de pensar, nas suas decisões e também na má implementação da estratégia corporativa. Felizmente, Roberto é inteligente e apaixonado pelo seu trabalho. Só que o QI por si só não garante o sucesso no mundo dos negócios. O sistema cerebral das emoções tem um papel tão ou mais importante no caminho para o sucesso. Bom, veremos o que ele terá para me dizer na quarta-feira.»

Roberto meteu as notas da reunião na pasta e regressou a casa. A sua assistente tinha-se despedido dele uma hora antes, não sem antes lhe dizer que tinha enviado para o calendário digital a agenda da próxima segunda-feira. Aproveitou para lhe recordar que o aniversário de Amanda, a sua mulher, era já na próxima quinta-feira.

Roberto sentia-se agora mais aliviado, um pouco contente até. Achava que nesse dia tinha dado um grande passo no sentido da resolução dos problemas da empresa. Quando chegou a casa, abraçou e beijou a sua mulher, o que ela estranhou, porque Roberto não era muito efusivo. Mas não comentou, apenas lhe disse que o amava e perguntou se queria jantar. Roberto anuiu e pousou a pasta no escritório. Sabia que nesse fim-de-semana estaria muito ocupado a rever e analisar notas que lhe permitissem tirar conclusões e dar início ao plano de reabilitação da empresa.

Depois de jantar, ainda brincou com o filho, mas este adormeceu rapidamente. Amanda não fazia a mínima ideia daquilo que se estava a passar na empresa. O dinheiro não faltava em casa, mas ela tinha notado que nos últimos meses Roberto andava alterado. A sua intuição feminina dizia-lhe que algo não estava bem, mas não se atrevia a perguntar-lhe nada.

Roberto entretanto recolheu-se ao escritório e começou a analisar as notas da reunião e o exemplar do livro que o tinha ajudado a determinar os possíveis erros e omissões responsáveis pela deterioração da empresa. O livro tinha dois apêndices, um deles intitulado «Gestão da Crise» e o outro «Como recuperar uma empresa depois de uma crise». Começou a ler o primeiro, mas o sono venceu-o e adormeceu no sofá. Há muito que não dormia bem, tirando uma ou outra noite esporadicamente. Acordava com frequência a meio da noite, levantava-se sorrateiramente para não acordar Amanda e descia até ao escritório onde não costumava permanecer mais de meia hora, sempre a pensar na empresa e nos problemas que o afligiam. Depois regressava à cama, mas já não conseguia voltar a ter o sono profundo e reparador que era necessário para o cérebro funcionar adequadamente.

Apesar de não ter despertado essa noite, o seu cérebro não deixou de trabalhar. Nos sonhos, as ideias agitavam-lhe o cérebro. As soluções aos problemas surgiam e desapareciam rapidamente. Ocasionalmente enquanto dormia, pensava nalguma solução ou ideia, despertava e fazia uma anotação num pequeno bloco de notas que tinha à cabeceira da cama. Desta vez estava tão cansado que não acordou até às seis da manhã. Levantou-se de imediato, assegurando-se de que não acordaria Amanda. Foi à cozinha e preparou um café forte. Depois foi para o sofá e recomeçou a leitura das notas que tinha tirado na reunião com os seus chefes de departamento. Leu e releu cada anotação que tinha feito.

As opiniões dadas por cada chefe de departamento não divergiam muito entre si, tirando um ou outro aspeto. De uma forma geral, Roberto estava de acordo com quase todas as respostas às perguntas da lista de André. As respostas a duas das perguntas, a saber «Sob que pressupostos estamos a trabalhar? São válidos?» chamaram realmente a sua atenção. As respostas foram bastante variadas e o próprio Roberto não estava muito seguro em relação ao que responder. Sempre que tomou decisões importantes, como é normal nestes casos, Roberto assumiu alguns pressupostos, sendo que uns mostraram-se corretos e outros nem tanto. Os pressupostos que não resultaram, num ou noutro caso, estavam de tal maneira incorretos, que poderiam efetivamente ter tido um impacto enorme na empresa.

Ao pensar no assunto, Roberto recordou que tinha visto uma semana antes um artigo sobre esta temática, num *site* chamado vistage.com*. Procurou o artigo no tablet. O título era: «Gerir pressupostos, riscos e

* Pertencente a uma das empresas líderes em Coaching Executivo para CEO, a Vistage. [*N. T.*]

impedimentos no planeamento estratégico», de Joe Evans. Roberto leu o seguinte:

> «Nenhum negócio possui uma bola de cristal para saber com exatidão para onde nos leva a economia, os mercados financeiros, ou as ações da nossa concorrência. Isso significa que trabalhar com pressupostos no processo de planeamento estratégico é um mal necessário (...) Comprovar os pressupostos usados na conceção da estratégia exige dar liberdade aos que estão envolvidos no planeamento estratégico, para que testem e desafiem o que foi assumido, procurando assim garantir que não estamos a escolher um cenário cor-de-rosa e irrealista para conceber a nossa estratégia. Os pressupostos assumem-se normalmente como certos, mas o facto é que em muitos casos são meros exercícios de adivinhação. Os pressupostos nem sempre se conseguem explicar. Defendê-los pode ser difícil, pois pode não haver factos suficientes para comprovar aquilo em que acreditamos. Isso não significa que os pressupostos que assumimos sejam incorretos, tão-somente que os pressupostos que assumimos tornam os desafios do planeamento estratégico maiores. Na realidade, é particularmente difícil identificar pressupostos, uma vez que frequentemente os que assumimos são crenças subconscientes.»

Esta última frase deixou-o com pele de galinha. Que decisões teria tomado usando pressupostos vindos do seu subconsciente? Foram pressupostos sugeridos por si ou alguns teriam vindo de outro chefe? Ao responder a esta pergunta, os chefes de departamento tinham dado uma multiplicidade de respostas, nem todas iguais, segundo lia nas notas da reunião do dia anterior. Roberto estava ciente de que as mudanças no panorama tecnológico são frequentes e disruptivas. Perguntou-se se teria assumido que as coisas continuariam iguais por muito tempo. E se realmente chegou a fazê-lo, qual o impacto nos resultados, muito provavelmente negativo, das decisões tomadas com base nesse(s) pressuposto(s).

André tinha-lhe dito que gostaria de conhecer as decisões tomadas no período em que os resultados da empresa foram negativos. Era essa a sua principal tarefa neste momento.

Ao pensar nisso, pegou na lista das causas que, na sua opinião, tinham precisamente conduzido aos problemas da empresa, e que tinha selecionado no livro *Como destruir uma empresa em 12 meses... ou antes*. Leu cada uma delas e interrogou-se: Que decisão tomada por mim gerou esta causa? Em que me baseei para a tomar? Houve pressupostos assumidos para tomar esta decisão? Qual ou quais foram? Eram válidos quando tomei a decisão?

Quando a sua mulher se levantou às 8 da manhã, perguntou-lhe se queria tomar o pequeno-almoço. Roberto disse que só tomaria café e um par de bolachas. Não estava com fome. Estava ansioso e até assustado. Como diria a André na próxima reunião que tinha tomado decisões com ligeireza? Que tinha sido vítima do cão raivoso do CAN [Complacência, Arrogância, Negação], como vimos anteriormente?

Roberto sentiu-se envergonhado e pequeno. Começou mesmo a duvidar das suas capacidades de gestão e a questionar-se se não deveria entregar a posição de CEO a alguém externo à empresa. Era isto mesmo que André tinha pensado em propor aos outros investidores caso chegasse à conclusão de que Roberto não era a pessoa certa para gerir. Ficou convencido de que os problemas que enfrentavam se tinham gerado por causa dele. A leitura das causas do fracasso empresarial convenceu-o de que realmente são os gestores que espoletam, em grande medida, as crises que afetam as suas empresas. Por outro lado, confiava em André para o ajudar a tomar as decisões acertadas para recuperar e salvar a empresa. André conhecia-o bem e sabia que Roberto era inteligente.

O seu principal erro, pensou Roberto, foi nunca ter-se munido de técnicas modernas de gestão empresarial. Julgou sempre que era suficiente saber de tecnologia digital para que a sua empresa vingasse no mercado e singrasse. Agora dava-se conta de que estava enganado, que o êxito inicial o tinha tornado arrogante e descuidado. Tinha mesmo sido mordido pelo cão raivoso do CAN.

Sabia-o bem porque era fácil reconhecer que a arrogância, a dele e a de alguns dos chefes de departamento, era mesmo o fator fundamental que explicava parcialmente as causas da crise que estavam a atravessar e que ele tinha identificado ao ler o livro.

Mas como tinha de preparar-se para a reunião com André, voltou à tarefa de reconstruir as principais decisões tomadas nos últimos dois anos. Para poder fazê-lo, era necessário identificar o erro e logo de seguida determinar que decisão o tinha causado.

Para facilitar o processo, pegou numa folha de papel e traçou uma linha vertical a meio. E começou a escrever:

ERRO/OMISSÃO	DECISÃO QUE LHE DEU ORIGEM
Não ter preparado e executado corretamente o plano estratégico. Pensar que o planeamento estratégico é só para empresas grandes.	Achei que bastava ter um plano de negócios. Foi o que nos foi pedido para obter o financiamento. O plano estratégico foi feito *a posteriori* e não foi bem implementado.
Não me muni de técnicas de gestão modernas.	Julguei que não era preciso. Eram perda de tempo e havia tanto para fazer. Pensar que era suficiente conhecer a fundo a tecnologia.
Ter delegado mais do que devia aos chefes de departamento.	Considerei que todos sabiam tanto como eu e dei-lhes rédea solta. Além de ter permitido que se formassem grupos.
Não ter identificado uma mudança tecnológica que podia afetar a empresa.	Mantive inalterada a tecnologia básica subjacente ao serviço que prestamos, apesar de ter sido avisado por um dos chefes de departamento que um concorrente já estava a usar uma versão avançada dessa tecnologia. «Para quê mudar o cartaz, se a praça de touros se enche a cada domingo?»
Ignorar indícios de problemas graves.	Quando as vendas começaram a cair, decidi não fazer nada, pensando tratar-se de uma situação passageira derivada da situação na economia nacional.
Contratar dois funcionários não aptos para a função, apenas porque eram «baratos».	Assumi que com o passar do tempo eles evoluiriam e eliminariam as suas debilidades.
Crescer apenas porque as coisas andavam bem, sem pensar no futuro.	Decidi aumentar a folha salarial porque havia recursos para o fazer.
Fazer *benchmarking* porque era a moda do momento.	Decidi copiar certas práticas de empresas similares à nossa, apesar de não serem concorrentes diretos, ignorando que o ADN deles era muito diferente do nosso.

ERRO/OMISSÃO	DECISÃO QUE LHE DEU ORIGEM
Não «apertámos o cinto» quando os lucros começaram a baixar.	Decidi aumentar o gasto em publicidade, assumindo que os lucros voltariam assim que as vendas voltassem a crescer.
Não escutar a «voz do cliente».	Quando vieram propor-me um sistema para obter *feedback* dos clientes, decidi que não valia a pena investir, porque estávamos a satisfazer plenamente as necessidades dos nossos clientes.
Criar um serviço que foi um fracasso no mercado.	Pensei que seria um serviço que agradaria aos clientes, mas não fiz análise de mercado para o comprovar. Achei que era outro Steve Jobs, que se dava ao luxo de lançar novos produtos no mercado sem perguntar aos consumidores se o queriam. Steve Jobs costumava dizer: «O consumidor não sabe o que quer, até ver o produto na loja.»
Investir demasiado em mobiliário e decoração dos escritórios.	Pensei que isso significaria mais vendas. A verdade é que com um investimento menor teríamos tido também um lugar agradável para trabalhar e motivação para criar. Agora, se as coisas continuarem mal, deveríamos mudar-nos para um sítio mais barato.
Não ter construído a marca de forma adequada.	Quando uma agência de relações públicas nos propôs um projeto de afirmação da marca, achei que não valia a pena gastar o dinheiro, pois o serviço estava já bem posicionado junto dos clientes.
Não ajustar o modelo de negócio quando já se via ser necessário.	Quando o chefe de departamento comercial me propôs mudar o modelo, decidi que não era o momento de o fazer. Agora estamos obrigados a fazê-lo se quisermos sobreviver.

ERRO/OMISSÃO	DECISÃO QUE LHE DEU ORIGEM
Assumir que o preço é o mais importante para o cliente.	Decidi manter os preços baixos por medo de perder clientes, mesmo sabendo que a nossa margem bruta era insuficiente para financiar o crescimento. Hoje acho que foi uma péssima decisão, sobretudo porque a inflação aumentou.
Não investir o suficiente na formação dos funcionários.	Assumi que se lhes desse uma boa formação, a concorrência poderia vir buscá-los, atraindo-os com melhores salários e benefícios. Assumi que os funcionários tratariam de capacitar-se por sua iniciativa, dado que quereriam estar sempre atualizados na sua área de especialidade.
Deixar que a cultura empresarial se formasse por si.	Não considerei a cultura de empresa um assunto importante, pelo que dei muita liberdade aos funcionários. Agora acho que há muitas lutas internas entre os funcionários por esse motivo. Não saberia hoje como definir a cultura da nossa empresa.
Não contar com um Manual de Políticas de Empresa.	Achei que não fosse necessário, porque os chefes de departamento tinham a capacidade de tomar decisões caso a caso. Isso levou a que muitas decisões se atrasassem, por faltarem linhas de orientação corporativas.
Não contar com um bom sistema de Controlo Interno.	Não considerei que fosse necessário, pois confiava plenamente na honestidade dos chefes de departamento e dos seus subordinados. Ignorei a sabedoria popular, quando diz «a ocasião faz o ladrão». Ou como diz o meu amigo Mário, «tem fé em Deus, mas amarra os camelos». Se o André nos fizer uma auditoria, tenho a certeza de que irá sair «porcaria».

Talvez esta lista de erros e omissões e as decisões que os tinham originado não fossem ainda todas as que se tinham gerado nos últimos 24 meses, mas Roberto achou que era um bom ponto de partida. Era possível que na reunião que iria ter com André ele sugerisse outros pontos, atendendo ao que tinha lido o último relatório de resultados semestrais.

Já era uma da tarde. Tinham passado 5 horas desde que Roberto se levantara da cama. Parecia muito tempo para preparar uma lista relativamente curta, mas a verdade é que se tinha detido longamente em cada um dos pontos para pensar, antes de passar ao papel, cada um dos erros e omissões, e a decisão que lhe estava associada.

A grande pergunta era qual seria a reação de André ao ler a lista. Estaria de acordo com a sua análise? Tomaria André a temida decisão de o retirar de CEO da empresa, contratando um externo para o substituir? Desde a famosa bolha da Internet, no longínquo ano de 2000, milhares de *start-ups* morreram, por variadas razões. Milhões de dólares esfumaram-se nesse processo. Uma das principais razões foi a falta de competências de gestão dos seus fundadores. Outra muito frequente foi a aplicação errada do *seed money* [investimento inicial] que angariaram para fundar a empresa.

Enquanto estes pensamentos o invadiam, um arrepio gélido percorreu-lhe a espinha dorsal, e Roberto sentiu pânico. O que iria fazer caso André e os demais investidores decidissem que ele não era a pessoa certa para continuar a liderar a empresa? Não tinha poupado o suficiente. Quando a empresa começou a ter problemas, ele diminuiu o seu vencimento. E o mesmo fizeram os outros dois sócios fundadores. Talvez pudesse arrancar com outra empresa, se conseguisse financiamento adequado. Sabia que havia muitas oportunidades de negócio assentes nas novas tecnologias, e Roberto sentia-se como peixe na água nessa área.

Disse para si que já era suficiente por hoje, e foi ter com a mulher e o filho. O miúdo andava há horas a perguntar à mãe o que o pai estava a fazer no escritório. Mas a sua mulher tinha conseguido distrair o miúdo.

— Amanda, faz a mala, saímos dentro de uma hora.

— Então e o almoço? Já são quase duas da tarde... — respondeu a mulher.

— Não te preocupes, almoçamos no caminho — replicou Roberto.

— Mas onde vamos? — perguntou Amanda, surpreendida.

— Aqui perto, àquela pequena cidade que tanto te encanta!

— Mas como fazemos, se não temos reserva de hotel?

— Não estamos em época alta, de certeza que se encontra um quarto disponível. E é só por uma noite. Amanhã, depois do almoço, regressamos — retorquiu Roberto.

A segunda e terça-feira que se seguiram voaram num ápice. Roberto tinha vários pendentes acumulados, pelo que trabalhou até muito tarde, sem no entanto deixar de pensar que quarta-feira seria um dia crucial. Não só para a sobrevivência da empresa, mas também para o seu futuro.

Dormiu mal na noite de terça-feira. Antevia o pior. Pelas duas da manhã levantou-se para tomar dois comprimidos de valeriana que o ajudassem a relaxar. Ajudaram, mas nunca conseguiu conciliar com um sono profundo. Levantou-se inquieto pelas 6 da manhã. Arranjou-se rapidamente, tomou um café e saiu de imediato para o escritório, levando na pasta todos os documentos de que precisava.

Pelas 8h30 estava a entrar na empresa. Depois de o cumprimentar, a assistente relembrou-o da reunião que iria ter com André. Agradeceu, comentando que nos últimos dias não tinha pensado noutra coisa. E pediu à assistente que convocasse todos os chefes de departamento para uma reunião às 9h em ponto.

A reunião começou a horas. Roberto encarava-os com um certo grau de ansiedade, algo que a única Diretora, Mariana, reparou de imediato. Mariana era a responsável pelo Marketing. Ela disse:

— Roberto, vejo-te muito preocupado há pelo menos uma semana. Estás bem?

— Sim, Mariana, obrigado. Estou bem, pelo menos fisicamente. Mas ando apreensivo, porque hoje pode ficar selado o destino da empresa e de todos nós — retorquiu Roberto.

— Explica lá isso, por favor — lançou Adolfo, o chefe de departamento financeiro.

— Logo tu, Adolfo. Ninguém conhece melhor do que tu a situação da empresa. Na semana passada fizemos um exercício de autoavaliação, e eu dediquei muito tempo, sábado incluído, a estudar a fundo a situação que a empresa está a viver. Posso dizer-vos que se esta semana não tivermos uma solução para os problemas que vivemos, no fim do ano não haverá empresa. Dentro de uma hora reunir-me-ei com André para lhe apresentar o que pensei e escrevi. O nosso futuro estará nas suas mãos.

De seguida, apresentou-lhes as conclusões a que tinha chegado no fim-de-semana, e terminou dizendo:

— Reconheço que sou o principal culpado da má situação da empresa. Tomei decisões equivocadas, mesmo sabendo que alguns de vocês nem sempre estavam de acordo. Mas fiz valer a minha autoridade como CEO para as tomar. Por outro lado, e isso certamente contribuiu também para os nossos problemas, dei-vos muita liberdade de ação, sem fazer o devido acompanhamento. Isso contribuiu para a formação de vários grupos. Não é preciso ser bruxo para ver que há batalhas internas. Garanto-vos que se a empresa continuar iremos trabalhar como uma equipa coesa. Como diriam os 3 Mosqueteiros, «Um por todos, e todos por um!». Quem não estiver disponível para adaptar-se, deverá procurar propostas noutro lado. Não o entendam como uma ameaça... vejam-no antes como um mecanismo absolutamente necessário para a sobrevivência da empresa e da equipa. Depois da reunião com André, irei analisar aquilo que tivermos falado. Não sei se esta é uma de várias reuniões que teremos para tratar deste assunto. Se forem várias, só vos informarei daquilo que considere conveniente e relevante após cada uma das reuniões. Estamos de acordo? — finalizou Roberto. Todos assentiram e retiraram-se para os seus gabinetes.

Como era habitual, André chegou a horas. A assistente recebeu-o e levou-o ao gabinete de Roberto, não sem antes lhe oferecer o seu famoso expresso.

— Bom dia, Roberto, que tal esse fim-de-semana?— inquiriu André.

— Bastante bem, estive um pouco mais calmo — respondeu Roberto.

— Então e porquê? — perguntou André.

— Talvez por estar muito mais consciente dos problemas que afetam a empresa — respondeu Roberto.

— Boa, são notícias que me alegram — disse André. — Então e já me consegues dizer que decisões conduziram a empresa à encruzilhada de problemas em que se encontra? — acrescentou.

— Julgo que sim — respondeu Roberto, ligeiramente envergonhado. Sabia que os problemas da empresa se deviam em boa medida às decisões que ele próprio tinha tomado. Ficou uns segundos em silêncio, a pensar como era difícil ser CEO de uma empresa sem ter a preparação e formação apropriadas.

André interrompeu os pensamentos de Roberto e disse-lhe:

— Comecemos então!

Roberto começou a ler a lista de erros e omissões que tinha preparado, comentando ponto por ponto as decisões que os tinham provocado. Quando Roberto terminou, André perguntou-lhe:

— Então e qual é a opinião dos chefes de departamento?

— Fiz com eles o que acabo de fazer contigo, e julgo que todos estiveram de acordo.

— E fizeste-lhes ver que muitos desses problemas foste tu que os causaste com as tuas decisões? — perguntou André.

— Claro que sim. Mas também lhes disse que lhes dei demasiada liberdade, e que graças a isso se formaram grupos. Não lhes escondi que se não trabalhássemos em equipa a empresa poderia ir à falência. Ainda não estou muito seguro, mas é possível que um ou outro não responda positivamente ao desafio, e que tenhamos de o dispensar. Mas só irei sabê-lo quando começarmos a fazer as mudanças necessárias — concluiu Roberto.

— Não conheço nenhuma situação de reestruturação de uma empresa em que a equipa se mantenha intacta. E deixa-me ser muito franco contigo, Roberto. Se não dermos uma volta radical aos maus resultados, provavelmente serás o primeiro a sair — disse André.

— Podes crer que estou perfeitamente ciente disso — respondeu Roberto, cujo rosto tinha empalidecido visivelmente.

— Tal como te disse anteriormente — observou André — não te darei nenhum plano de ação para a recuperação da empresa. Esse plano deve ser feito por ti e pela tua equipa de direção. O que farei é ensinar-te a tomar melhores decisões. Uma das responsabilidades principais de um CEO é a de tomar decisões, assegurando que se aplicam corretamente. Um bom CEO não deve praticar microgestão, mas também não deve dar liberdade total à sua equipa, sob pena de que essa liberdade se transforme em libertinagem, que me parece ser o que aconteceu aqui.

Enquanto André falava, retirou da sua pasta um documento que passou a Roberto.

— Peço-te que dediques tempo a ler esta lista, e penses seriamente sobre o seu conteúdo. Mas não neste preciso momento.

A lista era a seguinte:

AS DEZ FUNÇÕES ESPECIAIS DO CEO:

- OBSERVAR
- REFLETIR
- ANALISAR E SINTETIZAR
- DECIDIR
- PLANIFICAR
- COMUNICAR

- DELEGAR
- MOTIVAR
- FACILITAR
- CONTROLAR
- RECONHECER E PREMIAR

— De todas estas funções especiais, hoje gostava de me concentrar apenas numa, a de DECIDIR. Como tu mesmo verificaste, foram decisões tuas que causaram alguns dos problemas da empresa — disse André.

— De acordo — assentiu Roberto.

— Começo por te dizer que o nosso cérebro por vezes nos atraiçoa, mas só porque nós próprios o permitimos. Por que razão os CEO de grandes empresas cometem erros graves? Será por não serem inteligentes? Claro que não, são obviamente inteligentes, mas não inteligentes de forma integral — rematou André.

— O que significa ser inteligente de forma integral? — perguntou Roberto.

— Significa que além de se ter inteligência racional, é necessário ter-se inteligência emocional e conhecimento dos nossos desvios cognitivos — explicou André.

— Desvios cognitivos? — inquiriu Roberto, num visível estado de ansiedade.

— Os desvios cognitivos são caprichos mentais inconscientes que influenciam a forma como vemos o mundo. É um tema sobre o qual falarei contigo mais a fundo numa outra sessão, pois estes desvios cognitivos afetam de maneira dramática o processo de tomada de decisões. São eles o responsável por o nosso cérebro se revelar, por vezes, um traidor. Eu próprio fui vítima deles em mais do que uma ocasião — explicou André, concluindo a seguir. — Preciso de retirar-me. Começa por favor a preparar com a tua equipa um plano de recuperação da empresa. O livro que te dei tem um apêndice com dicas preciosas sobre a recuperação de empresas. Ao fazer o plano irás tomar muitas decisões. Na próxima quarta-feira regressarei para ver o resultado do vosso trabalho e analisar contigo a forma como tomaste as decisões. De acordo? — perguntou André.

— Totalmente. Posso ligar-te caso tenha alguma dúvida? — perguntou Roberto.

— Obviamente — terminou André, enquanto se dirigia para a porta do gabinete de Roberto.

Roberto ficou pensativo. Questionava-se como poderia tomar decisões eficazes se os desvios cognitivos que André mencionou eram inconscientes.

Tratou de esquecer o tema momentaneamente, e agarrou numa folha em branco para dar arranque à preparação do plano de recuperação da empresa. Tirou da pasta o livro que André lhe tinha oferecido, e que se transformou a partir daí no seu companheiro inseparável. Procurou e encontrou o apêndice que André mencionara, «Guia para recuperar uma empresa após uma crise». O capítulo iniciava-se com o seguinte texto: «Definição de uma situação que exige recuperação: trata-se de uma empresa cujo desempenho financeiro fracassará num futuro próximo, a menos que se apliquem ações corretivas de curto prazo». Ler isto deixou Roberto inquieto. Estava consciente de que o tempo era implacável e de que precisava de agir imediatamente se quisesse salvar a sua estimada empresa.

Mais adiante, Roberto leu: «Um dos fatores chave do êxito na recuperação de uma empresa é a pessoa que a dirigirá. O mesmo CEO da empresa quando ela entrou em crise? Um CEO novo? Um consultor especialista em Interim Management*. Essas palavras deixaram Roberto com suores frios. Será que os investidores iriam reclamar a sua cabeça? Não, não acreditava que isso fosse acontecer, tranquilizou-se.

Roberto sabia que era suficientemente inteligente para resolver os problemas da empresa e voltar a pô-la no caminho da rentabilidade. Continuou a ler cuidadosamente o apêndice do livro sobre recuperação de empresas. Na secção que versava sobre as etapas da recuperação, Roberto fixou-se nas primeiras duas. Dizia o texto: «Manter viva a empresa. Equivale a meter um moribundo nas urgências, aplicando-lhe os primeiros socorros e tudo aquilo que for necessário para que o coração não pare. Numa empresa isso significa deter a hemorragia de dinheiro.» Roberto interrompeu e começou a pensar no que poderia começar a fazer para reduzir gastos. Não pode deixar de pensar em despedir parte da equipa de colaboradores. Essa ideia já lhe tinha ocorrido num passado recente, mas nessa altura pareceu-lhe que não era o caminho. Roberto orgulhava-se de ter criado emprego, e além do mais a situação económica do país dificultaria certamente que aqueles que fossem despedidos encontrassem facilmente um novo desafio.

---

* Consultor especialista em resgate de empresas, que é contratado apenas para essa função transitória. [*N. T.*]

O texto da segunda etapa dizia: «Identificar corretamente a causa-raiz dos problemas.»

Roberto tinha já uma lista de possíveis causas, mas faltava decidir por que ordem as atacaria, até porque era importante definir qual das causas era a causa-raiz. De todas as possíveis causas que ele tinha identificado, qual seria a principal. Lembrou-se de um episódio que tinha ocorrido anos antes com o seu pai. Quando o pai adoeceu, e nenhum médico conseguia descobrir a causa, houve um especialista em medicina interna que lhe disse que iria fazer um diagnóstico diferencial, e foi dessa maneira que conseguiu descobrir a causa dos sintomas da doença do pai. Este episódio fez-lhe ver que enfrentava uma situação similar. Um médico bom procura sempre encontrar a principal causa subjacente aos sintomas do doente, não se conformando em aliviá-los. Para tal, fazem o que em Medicina se chama diagnóstico diferencial.

Emocionado, como se tivesse encontrado o Santo Graal, Roberto ligou para André, que tinha acabado de chegar ao seu escritório.

— André, desculpa estar a ligar. A tua assistente disse-me que acabaste de chegar, mas preciso de uma opinião urgente.

— E então, em que posso ser útil? — inquiriu André.

— Pus-me a preparar o primeiro esboço do plano de recuperação da empresa usando o livro que me deste. Ao chegar ao apêndice dedicado à recuperação, li que a segunda etapa consiste em encontrar a causa-raiz dos problemas da empresa. Revi a lista de erros e omissões que detetámos e identifiquei o principal, para começar a atacar os problemas por aí. Lembrei-me então que os médicos têm um método muito eficaz para encontrar a causa última dos sintomas de um doente. Chamam-lhe diagnóstico diferencial.

— Exato — disse André. — E essa metodologia pode ser vantajosa para encontrar a causa-raiz dos problemas que afetam uma empresa. Alegro-me muito que estejas a desbravar caminhos para salvar a tua empresa.

— Tem mesmo de ser — respondeu Roberto. — Mas tinha de te ligar para me ajudares a entender esta metodologia.

— Olha, não sou um especialista na matéria, mas pelo que sei vão-se enumerando hipóteses sobre as possíveis causas de um problema. A partir daí vão-se eliminando as menos prováveis, até chegar à mais plausível. E chegados aí, testa-se empiricamente essa hipótese — explicou André, sucintamente.

— Ou seja, posso usar esta metodologia, na tua opinião? — perguntou Roberto.

— Claro, recorda o que te disse. Um CEO deve pensar como um cientista — contestou André.

— Perfeito, era só isso. Mantenho-me em contacto — concluiu Roberto.

Roberto voltou à leitura do apêndice sobre recuperação de empresas. No final da lista de ações possíveis leu um parágrafo que sentenciava: «Quando todas as ações descritas anteriormente falham, resta a saída mais dolorosa: vender a empresa antes que perca a totalidade do seu valor.»

Este texto deixou Roberto ainda mais inquieto. Não só podia ficar sem trabalho, como podia perder a sua empresa. Enquanto lia o apêndice, Roberto ia tomando notas. Depois desenhou um mapa ou diagrama mental para facilitar a análise, e também para poder mostrar à sua equipa de direção, de maneira a ampliá-lo e melhorá-lo. Agora estava mesmo convencido de que era fundamental trabalhar em equipa. Se fosse possível salvar a empresa, deviam fazê-lo todos juntos. Sendo que Roberto estava ciente de que as decisões vitais seriam sempre dele, e que para isso deveria aprender a decidir eficazmente.

Dedicou o resto do dia à análise, exceto os momentos em que teve de responder a emails e chamadas mais urgentes. Ao regressar do almoço, pediu à sua assistente que convocasse os chefes de departamento para uma reunião no dia seguinte às 9 da manhã.

No final do dia tinha completado a análise, pelo menos na parte que lhe pareceu importante ao ler o livro e ao pensar em retrospetiva. Foi para casa psicologicamente esgotado. Comeu algo ligeiro e foi-se deitar depois de ver parte do telejornal. Tomou um par de comprimidos de valeriana na esperança de que o ajudassem a conciliar o sono.

O despertador tocou às 6 da manhã. Levantou-se ainda bastante ensonado. Foi a primeira noite relativamente bem passada depois de muito tempo, certamente pelo cansaço, mas também pela eficácia dos comprimidos. Arranjou-se e desceu à cozinha, onde Amanda já o esperava com um fumegante e farto pequeno-almoço. Comeu com apetite e ao terminar foi logo para o escritório. Ainda tinha de se preparar para quando chegassem os seus chefes de departamento. A reunião arrancou às nove em ponto.

Roberto começou por dizer:

— Colegas, ontem passei o dia a fazer uma análise minuciosa da situação que atravessamos, e sobretudo a pensar no plano de recuperação da empresa. Fiz um esquema. Podia obviamente dar uma cópia a cada um, mas não quero influenciar a vossa maneira de ver as coisas. Sugiro portanto que usemos o quadro de apresentações para fazer um mapa que recolhe as ideias e pontos de vista de todos vocês — concluiu Roberto.

Dito isto, levantou-se, desenhou um círculo no meio do quadro de apresentações, no qual escreveu «Plano de Recuperação», e disse:

— Este exercício deve funcionar como um *brainstorming*. Digam o que vos aprouver, e nenhum de vocês deve contestar a opinião dos outros. Podem melhorar ideias, mas não refutá-las. Estamos de acordo? — perguntou Roberto.

Todos anuíram. A sessão continuou pela manhã fora. Aplicando o método de Tony Buzan no livro *The Mind Map Book**, foram formando o mapa no quadro de apresentações. Roberto não interveio a não ser para impedir que se refutassem ideias ou opiniões. Quando as ideias dos chefes de departamento pareciam estar esgotadas, Roberto olhou para o esquema que tinha preparado no dia anterior, levantou-se e juntou uma ou outra ideia que não tinha surgido pela mão de nenhum dos colegas.

Ao terminar disse:

— Bem, como podem ver, não estamos carentes de ideias. Devemos agora olhar para todas elas e determinar quais são relevantes e aplicáveis à nossa situação. Hoje não tomaremos nenhuma decisão. Por favor, não se esqueçam de que qualquer ideia requer recursos para implementá-la. Ao analisar cada uma delas devemos responder a duas perguntas-chave: «Que ideias servirão realmente para resgatar a empresa?» e «Temos recursos — ou podemos consegui-los — para as implementar?» A vossa tarefa é a de estudar bem o mapa assim que saiam desta sala. Reunimo-nos novamente aqui amanhã de manhã às 9h em ponto.

Antes de saírem, alguns diretores tiraram uma fotografia ao mapa exposto no quadro de apresentações. Tinham estado 5 horas neste exercício, e provavelmente dedicariam outras tantas amanhã. Roberto sentia-se pressionado, pois tinha de apresentar um primeiro esboço do plano de recuperação na próxima reunião com André.

Depois do almoço, Roberto dedicou o resto do dia de trabalho a resolver assuntos que se tinham acumulado, e que, sem serem

---

* *O livro dos mapas mentais.* Anthony Buzan foi um escritor inglês responsável pela sistematização dos mapas mentais. [*N. T.*]

extremamente importantes, requeriam a sua atenção. No resto da tarde não quis pensar mais no tema crucial da recuperação da empresa.

Às 9h em ponto do dia seguinte, a equipa estava novamente reunida na sala de reuniões. Roberto arrancou dizendo:

— Bom, deixem-me explicar o que faremos hoje. Cada um de vocês dirá quais ideias, que a partir de agora chamaremos de ações, são válidas, e se contamos já ou podemos arranjar os recursos requeridos para as implementar. De acordo? — perguntou Roberto.

Todos anuíram. Roberto continuou:

— A partir de agora podem refutar, mas só se oferecerem uma alternativa. Criticar por criticar não é uma opção válida. Este exercício poderá tomar mais tempo que o de ontem, pelo que disse à Ingrid para pedir sanduíches e bebidas para evitar interromper o nosso processo de pensamento.

Um a um, os chefes de departamento deram a sua opinião bem fundamentada, tanto para defender as suas ideias como para refutar construtivamente ou para complementar as ideias dos colegas. Pelas quatro da tarde, quando já não surgiram mais ideias, Roberto deu por encerrada a sessão. Estava satisfeito com o resultado. A lista que tinha nas mãos era extensa. A sua tarefa, como responsável da empresa, era produzir a lista final, para o que seria necessário tomar decisões fundamentais. Dedicaria uma boa parte do dia seguinte a isso.

Na quarta-feira, dia da reunião com André, Roberto procurou estar mais cedo no escritório para assentar ideias e preparar-se antes da chegada do investidor e amigo. André, como sempre, chegou a horas. Ingrid vinha logo atrás com um expresso para André, e perguntou a Roberto se também queria um, mesmo já tendo tomado um pouco tempo antes.

— Bom dia, André, como estás? — perguntou Roberto.

— Bastante bem, obrigado. Provavelmente um pouco ansioso para escutar o que tens para me apresentar sobre a recuperação da empresa — retorquiu André.

— Fizemos o trabalho de casa — contestou Roberto.

— É um bom sinal que me digas «fizemos» e não «fiz», ou seja, depreendo que toda a equipa contribuiu, certo? — perguntou André.

— Efetivamente, isto foi como uma pega de touro à forcado! — disse Roberto.

— Boa! — exclamou André — Mostra-me então o que tens.

— Bom, um plano concreto de recuperação da empresa, tão realista e credível quanto possível. Analisa com os teus próprios olhos — disse Roberto, enquanto entregava a André um pacote com folhas com o plano de recuperação da empresa.

André leu cuidadosamente cada uma, e comentou ao terminar:

— Muito bem. Estarás de acordo comigo que as ações descritas no plano requerem decisões eficazes, certo? — perguntou.

— Totalmente de acordo — respondeu Roberto.

— Bem, como além de ser o teu investidor principal também sou teu mentor, vou aproveitar que ainda tenho bem presente na memória o que aprendi no seminário de que te falei, quando nos reunimos há uns dias, para fazer a primeira análise dos resultados, e penso dedicar-te o tempo que for necessário para podermos ter a certeza de que as decisões que possas vir a tomar para tirar a empresa do fosso sejam as mais corretas. No entanto, não penses que te direi quando achar que uma decisão está certa ou errada. Essa é responsabilidade tua. Vamos antes falar de parâmetros e de realidades atuais no mundo empresarial. Espero que quando consideres que alguma coisa não está correta, mo digas abertamente, sem qualquer tipo de temor. Estamos em sintonia? — terminou André.

— Claro que sim — respondeu Roberto.

— Perfeito —continuou André. — Um dos conceitos que gostaria de retomar é o do CAN, metaforicamente falando, do tal cão raivoso que de vez em quanto nos morde, e que resulta da Complacência, da Arrogância e da Negação. Quando este bicho morde um CEO, o resultado habitual é a sua empresa morrer. O livro que te ofereci contempla dezenas de casos de empresas cujos CEO foram mordidos pelo CAN. Sucumbir à Complacência significa, por regra, estar contente com a situação que se vive, mesmo quando envolve plena mudança. Como diz o livro, «se a praça de touros se enche a cada domingo, para quê mudar o cartaz?» — comentou André.

— Uma grande verdade — anuiu Roberto. — Quando a empresa começou crescer em vendas e consequentemente no quadro de pessoal, senti-me o rei do mundo. Assumi que já nada iria deter-nos e, portanto, que não valia a pena mudar o que quer que fosse. Pensei que mesmo sem agir, por pura inércia, continuaríamos a ter êxito. Enganei-me redondamente — admitiu Roberto.

— Obrigado pela tua frontalidade — disse André, continuando. — Sabes o que aconteceu às 35 empresas consideradas «excelentes» no livro *In Search of Excellence*, de Tom Peters? Apenas cinco melhoraram o seu desempenho, e todas as outras perderam a sua aura e brilho. Num estudo feito posteriormente para entender os motivos, o fator em maior evidência para o que lhes tinha acontecido era precisamente o da arrogância, o orgulho exacerbado dos seus gestores. O A de CAN é precisamente isso, arrogância, autossatisfação exacerbada. O autor desse estudo lançou a hipótese de que o facto de esses gestores terem aparecido num livro que os elogiava a eles e às empresas que dirigiam os tinha tornado arrogantes. Julgaram-se invencíveis e o seu êxito continha já a semente da sua perdição. Achas que foste arrogante, Roberto? — concluiu André.

— Admito que sim! Como comentei antes, julguei que era o rei do mundo. Assumi que a nossa tecnologia era superior à da concorrência. Lembra-te dos artigos que saíram em revistas da especialidade a elogiar-nos — disse Roberto.

— Segundo Jamshid Gharajedaghi, espero tê-lo pronunciado bem, no seu livro *Systems Thinking – managing chaos and complexity**, as empresas evoluem no tempo devido a vários fatores. Um deles é a imitação. Qualquer um pode, em princípio, aprender, copiar e reproduzir rapidamente uma tecnologia. O segundo fator é a inércia que faz com que demoremos demasiado tempo a reagir perante as ruturas tecnológicas. Quando temos êxito com uma determinada tecnologia, resistimos a adotar outra. O terceiro fator é a subotimização e o exagero, ou seja, pensar que se alguma coisa resulta, fazer mais do mesmo resulta ainda melhor. O problema é que uma fortaleza que hoje temos pode rapidamente converter-se numa debilidade destrutiva. O quarto fator é a mudança de táticas. Jogar um jogo com êxito seguindo uma determinada tática pode transformá-lo a ponto de já não sabermos como jogar um jogo novo. O quinto e último fator é o da mudança de paradigma. Chega sempre um momento em que os modelos de pensamento dominantes já não se aplicam corretamente, porque esgotaram a sua capacidade potencial. As empresas que não se adaptam são arrasadas pelas que criam novos modelos, ou pelas que foram mais céleres a adaptar os seus modelos às novas realidades. A arrogância impede-nos de ver estes 5 fatores tão poderosos — continuou André. — E com isso chegamos à letra N da palavra CAN, a negação, um dos maiores inimigos do CEO. Chegar ao topo de uma empresa pode gerar um estado de negação no CEO, impedindo-o de aceitar que somos capazes de cometer erros mentais que levem à tomada de decisões erradas, ou pelo menos subótimas, o que

* Pensamento sistémico — administrando o caos e a complexidade. [*N. T.*]

leva ao mau desempenho da empresa. É aqui que entram com maior força os desvios, as tendências e os vícios mentais que a maior parte dos CEO renega e recusa que os afetem. Esses desvios frequentemente ajudam o CEO a fazer avaliações e a tomar decisões rápidas de forma eficiente, com um esforço mental mínimo. O nosso cérebro está programado para poupar energia sempre que possível. Mas são precisamente esses desvios mentais que podem cegar o CEO, impedindo-o de considerar uma nova informação, ou opções alternativas perfeitamente válidas no momento de tomar uma decisão importante. Como dizem Heidi Grant Halvorson e David Rock, os autores de *Beyond Bias**, num artigo publicado na revista *Strategy & Business*, «não podemos gerir os desvios cognitivos no momento de tomar uma decisão, devemos conceber práticas e processos anteriormente». Achas que estiveste em estado de negação, Roberto? — concluiu André.

— A tua pergunta já vem com a resposta. É verdade que julguei ser incapaz de equivocar-me nas minhas decisões. Mas os resultados que estamos a ter foram um bom exercício de humildade. O cão raivoso do CAN mordeu-me e, com isso, infetei a empresa — admitiu Roberto.

— Sabias que há milhares de CEO de empresas de todo o tipo e dimensão mordidos por esse cão raivoso que continuam a gerir essas empresas como *zombies*, levando-as para a tumba? — perguntou André.

— Agora sim — admitiu Roberto.

— Consideras que ter consciência disto te vai ajudar a tomar melhores decisões a partir de agora, não só durante o processo de recuperação, mas na vida posterior da empresa, espero que longa, saudável e próspera? — perguntou André continuando de imediato. — Deixa-me dizer-te algo muito importante, mas primeiro responde-me se alguma vez ouviste falar de «regressão à média».

—Sim, trata-se de um termo que se aprende em Estatística, e que significa que quando uma variável extrema aparece na primeira medição, ela tenderá a ser mais próxima da média na segunda, mas, paradoxalmente, se a medição é extrema na segunda vez, ela tenderá a ter sido mais próxima da média na primeira medição.

— Exatamente. Muitos estudos demonstraram que é difícil às empresas manter vantagens competitivas. De acordo com Phil Rosenzweig, se fôssemos analisar o universo total de empresas ao longo do tempo, verificaríamos que há uma forte tendência para obter

* *Além do desvio cognitivo.* [*N. T.*]

um desempenho extremo num determinado período, logo seguido de um desempenho menos extremo no período seguinte. Esses estudos mostram que o desempenho não é aleatório, e pode manter-se por bastante tempo, mas haverá sempre a tendência de que se mova para a média, um claro exemplo de regressão à média. Dito de outra maneira, não há nada que garanta o êxito de forma permanente e sustentável. Ou, como diz o próprio Rosenzweig, «nada nos faz retroceder tanto quanto o êxito» — concluiu André.

— E porque me dizes isto? — perguntou Roberto.

— Para que mantenhas os pés assentes na terra e não penses que se tiveres êxito ao recuperar a empresa, o êxito perdurará para o resto da vida, sem importar o que faças — respondeu André.

— Entendo, mas tenho ainda uma outra dúvida. Até que ponto podemos confiar na intuição ao tomar uma decisão? — perguntou Roberto.

— No seminário em que participei, tal como já mencionei, este tema foi abordado várias vezes. Em primeiro lugar deixa-me dizer-te que a intuição não é nada mais do que a recordação inconsciente de muitas experiências vividas, especialmente se tiveram um impacto emocional forte, mesmo as que conseguimos esquecer. Ora bem, essas experiências podem não vir ao caso hoje, recordá-las pode mesmo ser contraproducente. Fiz anotações sobre o tema e posso partilhá-las contigo — procurou no seu bloco de notas.

Pensamento intuitivo	Pensamento racional
É rápido. Permite a ação imediata.	É mais lento. A análise toma o seu tempo.
É emocional. Assenta nas nossas preferências emocionais.	É lógico. Usa símbolos e deduções lógicas.
Assenta na experiência. Resume o conjunto de experiências prévias.	
É autoevidente. Não somos conscientes ao tomar as decisões.	É um processo consciente.
É específico no contexto. As intuições não podem transferir-se de uma esfera a outra.	Não é específico a um contexto. Pode usar-se em qualquer situação.

Depois de André ler o quadro comparativo, perguntou:

— Deixarias ao livre arbítrio da intuição uma decisão que implicasse um investimento de um milhão de euros, ou até menos?

— Obviamente que não — respondeu Roberto.

— Então deixa-me ler-te uma passagem que o autor do quadro comparativo, Chris Blake, escreveu no seu livro *The Art of Decisions**. «A tua intuição pode ser um guia vantajoso para tomar decisões sobre temas próximos ou conhecidos, nos casos em que as decisões são frequentes, em contextos conhecidos, quando se precisa de uma alimentação rápida, e quando há pouco dinheiro envolvido. Mas mesmo ao avaliar temas próximos ou conhecidos a nossa intuição pode levar-nos a cometer erros previsíveis, como o desvio da disponibilidade, que nos leva a dar um peso injustificado a eventos emocionalmente significativos, tornando-nos cegos ao risco» — concluiu André.

— Claro como a água — comentou Roberto, acrescentando — é mais um exemplo do cérebro traidor.

— Exato — anuiu André.

— Diz-me lá uma coisa. O Steve Jobs não se baseou na sua intuição para desenvolver o iPod, o iPhone e o iPad? — perguntou Roberto.

— Boa pergunta. Creio que o que ele realmente usou foi uma coisa chamada extrapolação intuitiva. Pensou que se um produto lhe agradava, certamente agradaria a muito mais pessoas, porque não se considerava um ser único com gostos que mais ninguém pudesse ter. Lembras-te de que falámos há uns tempos do V.I.C.A.?

— Claro — respondeu Roberto.

— Como te disse, as letras de V.I.C.A. significam Volatilidade, Incerteza, Complexidade e Ambiguidade. Sabes obviamente o que é Volatilidade, basta ver o que está a acontecer com o tipo de câmbio e a bolsa de valores.

— Sim, claro — disse Roberto.

— A Complexidade também está patente em todo o lado. E nem falemos da Ambiguidade — continuou André. — Já nada é claramente negro ou cristalino no mundo dos negócios, encontramos diferentes tonalidades entre ambos — prosseguiu André. — Já o tema da incerteza requer um pouco mais de explicação, porque não é tão evidente. Por exemplo, quando lemos que alguma coisa tem uma probabilidade de ocorrência de 80%, como visualizar essa quantidade? Ou então como visualizar os 20% de probabilidade de que esse evento não ocorra? Se decidirmos com base nos 80% e o evento não ocorre, isso não significa que estivéssemos errados, apenas que ocorreu o que

* *A arte das decisões.* [N. T.]

tinha 20% de probabilidade de ocorrência. Olha o que aconteceu nas eleições presidenciais americanas. A probabilidade de Trump ganhar era pequena, e no entanto foi ele quem ganhou, surpreendendo toda a gente. Nos negócios é um pecado dizer «tenho 100% de certeza de que se vai dar o cenário X». Vivemos uma época de ruturas contínuas, de incerteza permanente. Tudo muda de um dia para o outro: modelos de negócio, tecnologias, preferências dos consumidores, modas. O problema é que muitos CEO preferem ignorar as mudanças prospetivas, em vez de se prepararem para elas.

André fez uma pausa para acertar ideias, continuando depois:

— No caso desta empresa, possivelmente julgaste que não havia maneira de fracassar. E sem que te desses conta, foste atropelado por um camião, que nem te deu tempo para anotar a sua matrícula. Podíamos seguramente dizer que foste afetado por «miopia estratégica». Mas eu também tive uma quota parte de responsabilidade — agregou André — porque tal como te disse antes deveria ter estado mais próximo de vocês. E não me serve desculpar-me com o facto de estar envolvido em muitas empresas — disse André, tratando de ajudar Roberto a diminuir a vergonha que visivelmente o embargava.

— Sendo justo, sou o único culpado, pois estou dedicado a esta empresa a 100% — respondeu Roberto.

— Hoje ouvimos falar a cada esquina do conceito de «Big Data», termo que em português se poderia traduzir como Grandes Dados. Este termo indica que hoje temos à nossa disposição enormes quantidades de informação que podemos acumular e trabalhar para tomar decisões mais precisas. Mas mesmo assim, são frequentes as vezes em que lemos mal os números, ou ignoramos que estes apenas indicam probabilidades, não verdades absolutas. Um caso que Martín Linstrom menciona no seu livro. «Small Data»* é o da empresa LEGO, que se baseou em estudos de mercado que lhe diziam que as crianças iriam deixar de brincar com as peças de Lego, com as quais se divertiam criando o próprio mundo imaginário, para passar a jogar apenas videojogos. A LEGO mudou o seu modelo de negócio e concentrou-se no fabrico de roupa, publicação de revistas, programas de televisão e instalação de lojas. O resultado foi que entre 2003 e 2004 as vendas da LEGO caíram a pique, e a empresa ficou à beira do precipício. Um novo estudo feito por Lindstrom chegou à conclusão de que a LEGO tinha interpretado mal as conclusões do «Big

* Dados pequenos, por oposição a Big Data. [*N. T.*]

Data», e que a razão pela qual as crianças gostavam de brincar com as peças de LEGO era de outra natureza. Os responsáveis da LEGO inverteram a situação, regressando ao seu negócio *core*, e graças a essa decisão, em 2014, a empresa já tinha regressado à sua grandeza, superando a Mattel como o maior fabricante de brinquedos do mundo — concluiu André.

— Concluindo, a incerteza está em todo o lado. Como nos mostra o caso da LEGO, nem o uso do «Big Data» impediu que entrasse em crise — disse Roberto, com um certo desencanto.

— É um facto, por isso mesmo não podemos gerir uma empresa seguindo fórmulas. Nenhuma decisão, por muito que esteja assente em pensamento e investigação profundos, tem o êxito garantido. Até porque, como já comentámos, o fator sorte também tem um papel. O máximo que podemos afirmar em relação a uma decisão é que tem uma certa probabilidade de êxito. O plano mais bem concebido e preparado pode facilmente descarrilar, fruto de um acontecimento ao qual não demos importância, mas que, por um efeito sistémico, se transforma num desastre, ou então tem um impacto maior do que o antecipado na implementação do plano— explicou André.

— Uma rutura tecnológica, por exemplo — observou Roberto.

—Correto. Mas olha que não estou a tentar dar-te desculpas para que possas justificar um eventual fracasso na recuperação da empresa — sorriu André.

— Claro que não. Eu sei que as minhas decisões deverão ser muito bem pensadas e mais bem executadas. Achas que devemos ter um plano B à mão, já que a sorte tem um papel neste processo? — inquiriu Roberto.

— Sempre! Deixa-me ler-te mais uma nota que tenho escrita no meu bloco de notas, e que provém, para não variar, de Phil Rosenzweig. Ele descreve assim os CEO que conseguem ver o mundo claramente, com precisão e sem ilusões: «Eles não se agarram a uma visão idealista do mundo dos negócios. São gestores racionais, que sabem que o êxito advém de uma combinação de sentido comum e trabalho duro à mistura, com uma certa dose de sorte. Eles estão conscientes de que se o jogo mudar de feição, também os resultados podem variar significativamente. Os CEO sábios reconhecem que fazer bons negócios significa encontrar a melhor fórmula para aumentar a probabilidade de ter êxito, sem nunca julgar que o êxito está assegurado.» Outra citação, desta feita de Leonard Mlodinow*, diz-nos «Os processos aleatórios são fundamentais na natureza, e ubíquos na nossa vida quotidiana. No entanto, a maior parte das pessoas não os entende, ou não lhes dá atenção.» — concluiu André.

— Os CEO como eu talvez não sejam bons a imaginar as probabilidades de ocorrência de um evento. Tomamos decisões assumindo que o mundo é perfeito e que as coisas acontecerão exatamente como as previmos, e quando isso não se dá, cumpramos a má sorte. Agora entendo a razão pela qual as «receitas» dos gurus não são infalíveis. Devo deitar todos os meus livros de negócios ao lixo? — perguntou Roberto, quase em desespero.

— Claro que não, Roberto, a maioria deles tem ideias e recomendações práticas muito válidas, mas o erro é pensar que são de aplicabilidade universal, como já falámos. O leitor desses livros deve ter o discernimento, o critério e o bom senso para saber *o quê, como, quando e onde* pode aplicar essas ideias na sua empresa. Se não o fizer, será vítima da característica traidora do seu cérebro — rebateu André. E acrescentou — Há pouco falaste do plano B. Acho que deverias criar três cenários para a recuperação da empresa. Um pessimista, um mais provável e realista, e outro otimista. Dessa forma estarás sempre preparado para o que vier. Deves incluir estes três cenários no plano estratégico que preparares assim que esteja terminado o processo de recuperação da empresa. Mas não é só preparar os três cenários, deverás fazer para cada um deles uma análise *pre-mortem*.

— Mas o que é isso? — pergunta Roberto, ansioso.

— O contrário de *post-mortem*. Sempre que redijam um cenário, façam o que sugere Gary Klein** «Imaginem que estamos um ano à frente. Implementamos o plano como existe hoje. O resultado foi um desastre. Por favor, têm entre 5 ou 10 minutos para escrever uma narrativa breve desse desastre. A virtude deste exercício é que legitima as dúvidas. Além de incentivar, mesmo aos que apoiam a decisão, encontrar potenciais ameaças que não tinham detetado — explicou André.

---

* Físico norte-americano, coautor, com Stephen Hawking, do livro *Brevíssima História do Tempo*. Estava no World Trade Center durante os ataques do 11 de setembro de 2001, e foi dos que sobreviveu para contar. [*N. T.*]

** Psicólogo americano, escritor de vasta obra, entre os quais se destaca *The Power of Intuition*.

— Perfeito, assim farei. Vou estudar tudo o que consiga sobre criação de cenários. Recomenda-me algum livro sobre o tema — pediu Roberto.

— Claro, mas podes também procurar literatura no Google. Há muita informação sobre o tema, tanto em inglês como em espanhol — advertiu André, que continuou — acho que hoje ficamo-nos por aqui. Amanhã regresso à mesma hora para acabarmos de ver os aspetos que considero importantes para tomar decisões corretas durante a implementação do plano de recuperação da empresa, de acordo?

— Claro, vemo-nos amanhã às 9h, então. Obrigado pelo teu tempo e por tudo o que aprendi contigo. Nenhum curso me teria sido tão útil.

— Não há de que, recorda que estamos no mesmo barco. Até amanhã — despediu-se André.

Roberto fez abundantes notas. Depois de resolver questões pendentes mais prementes, dedicaria o resto do dia a rever essas notas e a escrever as dúvidas que fossem surgindo. O mais seguro seria fazê-lo em casa, sem interrupções, após deitar o filho.

No dia seguinte, às nove em ponto, André bateu um par de vezes à porta do escritório de Roberto, que estava absorto a analisar uns papéis.

— Bom dia, posso entrar? — perguntou André.

— Bom dia, André, claro que sim. Nem dei conta da tua chegada. Anda, estás em tua casa, ou melhor, no teu escritório. Entrou logo a seguir com uma chávena do fumegante café expresso que tanto apreciava o principal acionista da empresa.

— E então, já assimilaste tudo aquilo que debatemos ontem? — perguntou André.

— Julgo que sim. Passei várias horas a rever as anotações que fiz.

— Boa. Tratemos então de acabar hoje mesmo a minha intervenção. Tens muito trabalho pela frente com o plano de recuperação da empresa, e eu tenho outro caso similar em mãos, mas não tão sério — indicou André. — Vejamos algumas das características do cérebro de um CEO, que o atraiçoam. Os desvios cognitivos, que eu diria que são genéricos:

Desvios cognitivos

Nas últimas décadas, vários investigadores demonstraram que o discernimento do ser humano e consequentemente a tomada de decisões se desviam da racionalidade. As pessoas confiam em estratégias simplistas, ou em estratégias heurísticas*, que ignoram parte da informação para que a escolha seja mais fácil e rápida, e que os levam a cometer erros previsíveis. Estes erros, identificados por investigadores na área das decisões comportamentais, encontram-se em áreas tão díspares como a medicina, o campo jurídico, os negócios e até as políticas públicas.

Os cinco maiores desvios cognitivos responsáveis pelas situações previsíveis são**:

1. Tendemos a ter ilusões positivas, que nos levam a pensar que um problema não existe, ou não é suficientemente severo para exigir uma ação.
2. Tendemos a interpretar acontecimentos de uma maneira egocêntrica. Ou seja, quando estamos a avaliar a imparcialidade das soluções propostas para uma crise eminente, atribuímos o crédito ou a culpa da forma que pessoalmente nos convém.
3. Desconsideramos o futuro de modo displicente, diminuindo a coragem necessária para agir de imediato, e precavendo-nos contra um desastre que pensamos estar muito distante.
4. Tendemos a manter o *status quo*, recusando soluções que possam trazer um benefício maior. Ou seja, resistimos a aceitar que uma mudança dramática possa acontecer caso não ataquemos imediatamente um problema crescente. E, em vez de considerar opções desagradáveis, preferimos não agir.
5. A maioria de nós não quer perder tempo a considerar alternativas de prevenção para um problema que não tenhamos experimentado, ou testemunhado. Assim, frequentemente reagimos apenas depois de ter experimentado algum dano significativo, ou depois de termos imaginado que estivemos em perigo.

---

* Heurísticos são processos cognitivos por detrás de decisões não-racionais. As estratégias heurísticas são definidas como estratégias que ignoram parte da informação com o objetivo de tornar a escolha mais fácil e rápida. [*N. T.*]

** Bazerman, Max H., *Predicatable Surprises,* Harvard Business Press, 2005.

André entregou a folha a Roberto e disse-lhe:

— Lê o texto e trata de o entender bem. Se há algum conceito que não percebas, pergunta-me.

Roberto leu cuidadosamente o conteúdo da folha e, ao terminar, respondeu:

— Para mim está claro.

— Juntei dezenas de desvios, vícios e tendências cognitivas. Não podemos vê-los todos, pelo que nos iremos concentrar naqueles que considero mais importantes para as decisões que terás de tomar. Vou ler-te o que dizem Heidi Grant e David Rock no seu artigo «Beyond Bias», publicado na revista *Strategy & Business* de que já falámos. Como sabes a palavra inglesa «bias» significa viés ou desvio/distorção em português. O artigo diz: «Os desvios são qualidades dinâmicas inconscientes, peculiaridades cognitivas, que influenciam a maneira como vemos o mundo. São comuns à maioria dos seres humanos. Talvez estejam integrados no nosso cérebro como parte da nossa herança genética ou cultural, e exercem a sua influência fora do âmbito da nossa consciência. Não podemos ir às compras, conversar ou tomar uma decisão sem que estes desvios cognitivos se manifestem. Normalmente, os desvios ajudam-nos, são adaptáveis. Permitem-nos avaliar situações e tomar decisões rápidas e eficientes com um esforço cognitivo mínimo. Mas também podem cegar uma pessoa, impedindo-a de considerar informação nova, ou podem fazer com que ignoremos opções relevantes e valiosas quando estamos a tomar uma decisão importante. A neurociência demonstrou que o nosso cérebro utiliza o mínimo de energia. Os desvios cognitivos facilitam» — concluiu André.

— Realmente, mas podemos acabar por decidir erradamente — retorquiu Roberto.

— É isso mesmo. O problema é que nem nas escolas de negócios te ensinam isto. Os poucos cursos e livros que existem sobre tomada de decisões acabam por ensinar apenas a parte lógica, e não te alertam para o facto de que há elementos cognitivos inconscientes que se atravessam no processo e te induzem em erro. São como pontas soltas nas decisões. Como te disse anteriormente, tenho uma longa lista de desvios cognitivos, mas vou-me concentrar a ver contigo aqueles que Grant e Rock incluem no seu artigo, dando-te a minha interpretação.

André tirou da sua pasta uma lista que tinha como título «Desvios Cognitivos Comuns», e começou a ler o texto:

Desvios de Semelhança, ou seja, a tendência para aceitar de forma mais positiva todos os que são semelhantes a nós. O ego tem aqui um papel muito importante. Este desvio leva-nos também a ver de forma negativa todos aqueles que são diferentes de nós.

Desvios de Conveniência, que descreve vários:

- Tendência para decidir se um argumento é forte ou débil em função de estarmos ou não de acordo com a conclusão do mesmo.
- Tendência para procurar e encontrar justificações que reforcem as próprias opiniões, descartando qualquer informação que não o faça.
- Tendência para decidir com base na informação que chega primeiro ao cérebro, ignorando a que é mais objetiva.
- Tendência para confiar fortemente na primeira informação disponível (a «âncora») ao tomar uma decisão. Os autores do artigo citam este exemplo: «Disponibilizam-te um automóvel de 35 000 euros. Passado um tempo descem o preço para os 30 000 euros. O potencial comprador conclui que deve ser um excelente negócio. Ele "ancorou-se" nos 35 000 euros, pelo que se o preço baixa, considera que está a fazer um excelente negócio.»
- Tendência para menosprezar a probabilidade de ocorrência de alguma coisa. Por exemplo: «Sei que apenas uma pequena percentagem de *start-ups* tem êxito, mas a nossa vai ter de certeza.»
- Tendência para subestimar o tempo, dinheiro e risco envolvidos num projeto, e sobrestimar os seus benefícios. Este desvio cognitivo é muito frequente sobretudo nas obras públicas. Quantas vezes já assistimos à inauguração de obras que ainda estão longe de terminadas, apenas porque o político em cena acha que deve cumprir a sua promessa.
- Tendência para admitir que alguma coisa mais representativa é necessariamente mais preponderante ou mais válida. Os autores dão como exemplo a contratação de programadores em Silicon Valley, mesmo que para o trabalho em questão se possam contratar programadores melhores e mais baratos noutras partes do mundo.
- Tendência para julgar que alguém tem mais probabilidade de êxito no presente ou futuro, apenas porque teve êxito no passado. Quantas pessoas perderam as suas poupanças investindo num fundo que teve excelente rentabilidade no passado, mas que acabou por se revelar uma fraude. Por exemplo, o fundo de Madoff nos Estados Unidos ou o fundo Ficrea no México.
- Tendência para sobrestimar as competências de uma pessoa numa determinada área, deixando que influenciem na perceção geral sobre essa mesma pessoa. Um grande vendedor não dá necessariamente um

bom chefe de departamento Comercial, como nos mostra o «Efeito Halo» que vimos anteriormente.

André continuou:

— Os exemplos de **Desvios de Experiência** são:

- Tendência para detetar desvios cognitivos nos outros, mas não em ti próprio.
- Tendência para sobrestimar a universalidade das tuas crenças, hábitos e opiniões: «Se eu penso assim, certamente que as outras pessoas também o fazem.».
- Tendência para julgar que os teus erros ou fracassos se devem a circunstâncias externas, mas que os erros dos outros se devam a fatores intrínsecos, como a personalidade ou o caráter.
- Tendência para considerar situações passadas como se as tivéssemos podido prever, por exemplo, «Sabia que a moeda ia desvalorizar em março.»
- Tendência para sobrestimar a tua possibilidade de interferir em eventos externos. É um pouco como os «treinadores de bancada» que acham que a sua equipa ganhou graças às suas orações.
- Tendência para sobrestimar a capacidade de as outras pessoas avaliarem o teu estado de espírito e as tuas reações: «Então eles sabem que isso me chateia e ainda assim fazem?»
- Tendência para dar uma relevância excessiva à informação sobre ti próprio quando avalias algum assunto ou tomas decisões: «Não é necessário falar sobre isso, já entendi perfeitamente.» O nosso ego a cegar-nos uma vez mais.

...Vejamos agora alguns **Desvios Cognitivos de Distanciamento**:

- Tendência para esperar que os outros paguem mais por uma coisa que tu próprio estarias disposto a pagar.
- Tendência para projetar os teus estudos mentais futuros baseando-te na forma como te sentes hoje.
- Tendência para desvalorizar as recompensas à medida que estas se distanciam no futuro. «É uma boa oferta, mas como o aumento só chega em 2 meses, prefiro continuar a procurar.»

...E finalmente chegamos aos **Desvios Cognitivos de Segurança**:

- Tendência para evitar riscos quando esperamos um resultado positivo, mas a correr riscos quando queremos evitar resultados negativos. «Temos de arriscar investir nisto, ou o concorrente ganha a corrida.»
- Tendência para gerir a nossa opinião em função de perdas ou ganhos, em vez de fazer uma avaliação objetiva: «Detesto esta ideia agora que sei que o nosso concorrente a descartou.»
- Tendência para evitar tomar decisões difíceis mas necessárias (seguir uma estratégia, despedir um empregado, terminar um processo) depois de termos investido tempo e dinheiro, mesmo quando já não se pode recuperar o investimento: «Não vamos despedir este engenheiro, mesmo sabendo que nos vai causar problemas na equipa, porque investimos demasiado na sua formação, sobretudo nos cursos no estrangeiro.»

O acionista continuou:

— Há outros desvios cognitivos, e até erros de julgamento, que podem ter um efeito nefasto nas nossas decisões. Deixa-me referir alguns que anotei no meu bloco de notas:

- Confundir a exceção e o habitual. Há coisas, situações e eventos que acontecem uma única vez ou um número muito reduzido de vezes, apenas num determinado lugar, ou somente sob determinadas circunstâncias, e no entanto há quem considere que se dão sempre, de forma generalizada.
- Ignorar o fator tempo. Um exemplo que pode parecer ridículo, mas que ilustra bem este erro, é vender biquinis no hemisfério norte, no início do inverno, quando as temperaturas já estão próximas do nível de congelação da água.
- Partir do princípio de que objetos ou situações similares são iguais em todos os aspetos. Por exemplo, julgar que mercados semelhantes são iguais em tudo, e aplicar a mesma estratégia comercial em ambos.
- Deixar que as emoções e as atitudes irrefletidas toldem a nossa razão.
- Confundir a vítima com o criminoso. Há situações em que vemos um objeto, uma pessoa ou uma situação como a causa de um problema, quando de facto são a vítima do mesmo.
- Fazer comparações com base em premissas falsas. Por exemplo considerar que se dois livros têm o mesmo número de páginas, o seu preço deveria ser igual, sem considerar o prestígio do autor, os direitos de autor, a tiragem de cada um, etc.

- Pressupor relações causais únicas. Assumir que uma certa condição é responsável por outra, quando existem inúmeros fatores que influenciam.
- Fazer generalizações erradas. Aplicar uma regra numa situação onde parece aplicar-se, mas que não está ligada.
- Fazer generalizações a partir de evidências limitadas.
- Supor que o oposto é verdadeiro. Quando não conseguimos provar algo, caímos na tentação de assumir que o oposto é verdadeiro.
- Analisar uma situação apenas na nossa perspetiva. O problema é que ao estar equivocados arriscamos perder oportunidades que nos beneficiem ou assumir riscos que nos prejudiquem.
- Fazer juízos de valor sobre uma pessoa e não estar aberto a aceitar provas concretas que indicam que essa pessoa, afinal, não é quem pensamos.
- Assumir que somos capazes de prever o futuro da nossa empresa, do nosso setor de atividade... ou do mundo.
- Ignorar o custo de oportunidade. Usar tempo precioso ou outros recursos em atividades que produzem pouco valor acrescentado, quando poderíamos utilizá-los de forma mais eficiente e racional.
- Tendência a preferir aquilo que nos é familiar. O medo do desconhecido provoca-nos insegurança e por vezes impede-nos de planear a estratégia com eficácia.
- Tendência a tomar algo por bom e certo, só porque se repete muitas vezes.
- Tendência a não questionar ideias preconcebidas, mesmo quando há provas em contrário.
- Tirar conclusões diferentes de uma mesma informação, dependendo de quem a apresenta, ou de como a apresentam.
- Tendência a procurar informação adicional, mesmo quando já não venha a influir na decisão ou na ação. Trata-se da clássica «paralisia da análise».
- Relutância em preparar-se para o pior cenário. Sem um plano de contingência, fica-se paralisado, e o problema agrava-se.
- Tendência para evitar recrutar candidatos que nos façam sombra, com medo de que nos afastem.

...Podíamos continuar, mas a lista é demasiado longa — disse André. — Espero que estes exemplos que li sirvam para que te dês conta de quão traiçoeiro o nosso cérebro pode ser, se não usarmos a metacognição*, ou seja, a forma como pensamos para evitar cair em

* Capacidade de o indivíduo monitorizar e autorregular os próprios processos cognitivos. [*N. T.*]

erros de julgamento e em tendências mentais que afetem as nossas decisões — concluiu André.

— Caramba! — exclamou Roberto.

— Já só preciso de te dar uma coisa, e depois deves pôr-te a trabalhar sozinho — disse André.

— Do que falas? — perguntou Roberto.

— De um questionário para te ajudar no processo de tomada de decisões. Baseia-se naquilo a que chamamos «pensamento multimodal», composto por vários elementos:

- O modo emocional;
- O modo lógico;
- O modo criativo;
- O modo sistémico;
- O modo estratégico/prospetivo;
- O modo estatístico/probabilístico;
- O modo ético.

...Ao responder a estas perguntas terás uma maior segurança no resultado das tuas decisões, porque estas estarão mais bem pensadas. Dou-te agora o questionário, e só iremos ver-nos novamente quando tomares as decisões necessárias para a implementação do plano de recuperação da empresa. A menos que aches que precisas que as reveja contigo. Se estiveres confortável, executa-as simplesmente. Os resultados falarão por si — disse André, num tom solene. — Não é necessário que o leias agora. Se tiveres dúvidas, sabes que me podes ligar a qualquer momento. Combinado? — acrescentou.

— Combinado, André — respondeu Roberto.

André guardou o seu bloco de notas na pasta, levantou-se, deu um aperto de mão a Roberto, e retirou-se.

Roberto começou logo a ler avidamente o questionário, que era bastante extenso. Não ia ficar à espera. Estava ciente de que se queria continuar a contar com o apoio de André, e preservar o seu posto de trabalho, devia esmerar-se na implementação de tudo aquilo que o seu acionista principal lhe tinha transmitido ao longo de várias reuniões.

PERGUNTAS PARA ORIENTAR A TOMADA DE DECISÃO

Está sobejamente comprovado que a utilização de listas de controlo é um método absolutamente indispensável para orientar a implementação de processos ou sistemas, e garantir a sua eficácia. Os cirurgiões usam listas de controlo antes e durante as cirurgias, os pilotos não descolam os aviões sem antes ter verificado exaustivamente uma lista de controlo. Tomar decisões pode ser tão importante como o trabalho de um cirurgião ou de um piloto. Uma decisão mal tomada não só pode destruir uma empresa, como também vidas.

Qualquer decisão deve reger-se considerando o aspeto emocional, lógico, criativo, sistémico, estratégico/prospetivo, estatístico/probabilístico e ético. Todos eles são parte integrante do ecossistema de uma tomada de decisão.

As seguintes perguntas ajudarão o CEO a tomar decisões mais fundamentadas, ao abarcar todos os aspetos que poderão influenciar o processo de tomada de decisão.

ASPETO EMOCIONAL

- O meu estado emocional permite-me ser objetivo neste momento?
- A minha mente está completamente aberta para garantir que nenhum paradigma, hábito ou preconceito tolde o meu critério na hora de decidir?
- Que interesses podem afetar a minha decisão?
- Alguma experiência anterior está a afetar o meu estado emocional?
- Tenho medo de errar ao tomar esta decisão?
- Como serei afetado caso esta decisão se revele errada?
- Tenho todos os recursos e informação necessária para tomar a decisão?
- Corro o risco de me considerar infalível por ter acertado sempre no passado? Ou então, as vezes que errei no passado estão a causar insegurança neste momento?
- Estou a demorar demasiado tempo a decidir por algum aspeto emocional?
- Como me relacionarei com todos aqueles que vierem a participar no processo de tomada de decisão?

- Estou preparado emocionalmente para aceitar opiniões contrárias à minha?
- Estou dominado por uma ideia fixa?
- A preguiça não estará a impedir-me de obter mais e melhor informação para me ajudar na tomada de decisão?
- Tenho algum grau de «dissonância cognitiva»* que me esteja a afetar ao tomar a decisão?
- Sinto-me absolutamente seguro de que não estou a ser demasiado otimista ou pessimista? Como posso ter a certeza?
- Quem pode impedir-me de tomar a decisão ou de a implementar?

ASPETO LÓGICO

- Convém preparar uma *checklist* para não deixar nenhum ponto de fora?
- Estou a tirar conclusões precipitadas, mesmo sabendo que a amostra é pequena e não representa a realidade?
- Estou a tomar algo como certo, apenas porque ninguém ainda me provou que está errado?
- Estou a descartar a opinião ou as ideias de alguém por razões meramente subjetivas, por questões de género, étnica ou de grupo (alguém que não é do meu grupo...)?
- Acho que algo está certo apenas porque estou convencido disso?
- Acho que algo é verdadeiro apenas porque a maioria acha que sim?
- Olho para duas opções e escolho uma como sendo a correta, apesar de poder haver outras que não estão visíveis nesse momento?
- Se estou perante duas situações extremas, descarto-as e assumo que uma intermédia é que tem de ser a correta?
- Assumo que se algo é verdadeiro para as partes, também o deve ser para o todo?
- Assumo que se algo é verdadeiro para o todo, também o deve ser para as partes individuais?

* A teoria da dissonância cognitiva assenta na premissa de que os indivíduos se esforçam para manter a coerência entre as suas cognições, ou seja, convicções e opiniões. Quando um indivíduo tem uma crença sobre algo, e age de maneira diferente daquilo em que acredita, ocorre uma situação de dissonância. [*N. T.*]

- Assumo que se duas coisas são iguais (ou desiguais) num ou mais aspetos, devem ser iguais (ou desiguais) em mais, ou mesmo em todos os aspetos?
- Estou a pensar usar no processo de decisão alguma receita, *benchmarking*, conselho de guru, livro de moda ou ajuda de um consultor externo? Será que isso se aplica mesmo à minha empresa?
- Estou a atribuir a responsabilidade de um determinado efeito a uma causa específica, quando pode haver outras?
- Assumo que o facto de um determinado evento causar outro, também poderá causar uma série de eventos?
- Assumo que a probabilidade de ocorrência de um evento futuro pode ser alterada pela ocorrência de um evento prévio, mesmo que ambos sejam independentes e sem qualquer relação entre eles?
- Assumo uma probabilidade alta (ou baixa) de um determinado evento que é impossível de prever com precisão?
- Assumo que se um evento precede outro, este outro também pode preceder aquele?
- Se a hipótese A se revelar inviável, assumo que a hipótese B também o é?/excluo a viabilidade da hipótese B?
- Estou a confundir o excecional com o frequente?
- Assumo que uma determinada situação é a única responsável de uma determinada condição, quando pode haver outros fatores a influenciar?
- Assumo que o que parece lógico não o é e que seria melhor pensar «lateralmente»?
- Acho que o mercado e os concorrentes nem sempre atuam de maneira lógica, pelo menos da forma como eu o vejo?
- Não estarei a apoiar-me demasiado na minha intuição, tirando peso e valor à razão e às evidências?
- Envolvi no processo de tomada de decisão todos aqueles que devem estar?
- Tenho toda a informação necessária à tomada desta decisão?
- Que papel pode ter a sorte neste processo? Como posso reduzir a dependência da sorte?

ASPETO CRIATIVO

- Que outros pontos de vista posso ter para analisar a situação sobre a qual tenho de decidir?
- Poderei dividir esta questão para analisar as partes individualmente?
- Que aspetos de uma decisão anterior poderei aproveitar para esta?
- Posso eliminar partes da questão para a simplificar?
- É realmente necessário resolver esta questão?
- Não estaremos a distrair-nos de questões mais importantes ou urgentes?
- A situação/problema sobre o qual temos de decidir está formulado de forma correta?
- Resolver esta questão poderá levantar outras?
- A decisão poderá ser adiada?
- Tenho todos os recursos necessários para tomar uma decisão eficaz?

ASPETO SISTÉMICO

- Que implicações futuras poderá ter esta decisão? As implicações futuras dependem do tipo de decisão que tome?
- Quem (ou o quê) será afetado por esta decisão, seja de forma positiva, negativa ou neutra? Que tipo de efeito terá a decisão?
- A relação custo/benefício compensa?
- Podemos dividir a decisão em partes mais pequenas para que o efeito seja menor?
- O efeito será permanente ou temporário?
- De que forma se manifestará o efeito?
- Quando se materializará o efeito?
- Que tipo de impacto poderá levar a anular a decisão?
- Como conseguimos minimizar o impacto?
- Posso suspender temporariamente a decisão para evitar o efeito negativo que teria se a tomasse já?
- O efeito depende de quem implementa a decisão ou de como se implementa?
- Conheço os limites, restrições ou fronteiras, e os critérios da decisão, os transformáveis e as necessidades a satisfazer?

- A nossa cultura empresarial aguenta uma mudança de estratégia?
- Se quiser alterar a cultura da empresa, devemos mudar a estratégia?
- Estou consciente das interdependências existentes no meu setor e de como uma decisão pode afetar a dinâmica empresarial?
- Que *feedback* posso obter para garantir a correta implementação da decisão?
- Tenho toda a informação necessária?
- Que reações devo esperar da concorrência quando implementarmos a decisão? E qual será a nossa resposta?
- Há alguma decisão no passado que seja parecida à que estou a tomar agora? E que resultados práticos teve?

ASPETO ESTRATÉGICO / PROSPETIVO

- Esta decisão tem alguma relação com a missão ou a visão da empresa?
- Que impacto terá esta decisão na estratégia da empresa?
- Que alterações devo fazer na estratégia?
- De que maneira esta decisão irá afetar o mercado?
- Esta decisão é reversível se não produzir resultados no prazo esperado? A que custo?
- Devemos criar um plano de contingência?
- Quais são as premissas em que se baseia a decisão? São suficientemente válidas?
- A decisão poderá implicar uma mudança do modelo de negócio?
- Existe a possibilidade de criar um cenário para depois da implementação, e outro sem que a decisão esteja implementada?
- Que colegas devo convidar para conceber o plano?
- Terei de contratar um consultor externo sobre o tema?
- A decisão poderá ser adiada até que o plano esteja pronto?
- Estou a considerar a possibilidade de ocorrência de perturbações a médio ou longo prazo?
- Varri todas as componentes do ambiente/contexto em que estou a tomar a decisão, a saber as variáveis tecnológicas, os aspetos sociais, o enquadramento legal, a situação política, a economia, a situação internacional, o enquadramento regulatório, etc?

- De que forma a estratégia afetará a análise SWOT*?
- Qual será o pior cenário possível?
- Se mudarmos a estratégia, que implicações poderá ter na estrutura?
- A minha decisão está orientada para beneficiar o consumidor, ou apenas para atacar os meus concorrentes?
- Estrategicamente será este o melhor momento para tomar a decisão?
- Quais são os objetivos a alcançar com esta decisão?
- Esta decisão poderá trazer resultados positivos a curto prazo, mas negativos a longo prazo?
- Esta decisão poderá afetar a nossa vantagem competitiva?

ASPETO ÉTICO

- Estou a deixar que os meus valores e princípios morais se sobreponham à decisão que devo tomar?
- A decisão, mesmo sendo por uma boa causa, terá algum impacto desproporcionadamente mau?
- Considerar-me-ei uma pessoa melhor depois de tomar a decisão? Ou pior? Ou igual? E se achar que é pior, poderei viver com isso?
- Estou consciente de que o bem comum é sempre de preferir ao bem individual, quando ambos são da mesma ordem?
- Acredito que as pessoas não devem ser um meio para atingir um fim, mas sim o fim em si?
- Que interesses pessoais estão envolvidos na decisão? Sairei pessoalmente beneficiado com esta decisão? Como é que esta decisão beneficiará a minha equipa ou outros *stakeholders*?
- Poderei viver com a consciência limpa depois de implementar a decisão?
- Como compensar algum efeito negativo que resulte desta decisão? Poderei fazê-lo antecipadamente?

Depois de uma primeira leitura ao extenso e complexo documento, Roberto pediu a Ingrid que convocasse uma reunião com a sua equipa

---

* Em inglês, Strengths, Weaknesses, Opportunities, Threats; em português, análise FOFA, de Forças, Oportunidades, Fraquezas, Ameaças. [*N. T.*]

de direção para o dia seguinte às dez da manhã, indicando que a presença de todos seria indispensável.

Na manhã seguinte, Roberto entrou na sala de reuniões às dez em ponto, notando com satisfação que a equipa já estava reunida.

— Colegas, bom dia. Chegou o momento de tomar as decisões que nos salvarão ou nos farão afundar. Passei muitas horas com o André a ver a melhor forma de tomar decisões eficazes. Vocês irão aprendendo à medida que formos avançando, e eu estarei sempre ao vosso lado como *coach*, muito mais do que como vosso chefe. E assumirei obviamente a responsabilidade integral pelos erros que cometamos durante o processo de decisão. Mas como também é óbvio, a responsabilidade pelo resultado da implementação correta das decisões tomadas nas vossas áreas é de cada um de vós. Vamos a isso? — concluiu Roberto.

O grupo anuiu em uníssono.

Roberto e a sua equipa de chefes de departamento tinham muito trabalho pela frente, mas já dispunham de sólidos alicerces sobre os quais reconstruir a empresa. Não seria um desafio fácil. Uma decisão mal pensada e tomada, ou uma implementação deficiente, podiam deitar por terra o trabalho de muitos meses, e fazer com que a empresa se desviasse do caminho pretendido, e pudesse mesmo ir à falência.

Afortunadamente, os ensinamentos e as ferramentas que tinha obtido de André permitir-lhe-iam praticamente refundar a empresa. Por outro lado, graças à sua postura de abertura à equipa, todos começaram a trabalhar de forma coesa. Os grupos foram desaparecendo e finalmente passou a ser verdade o lema «um por todos e todos por um». Só o tempo diria se o processo de recuperação da empresa iria dar os frutos esperados, e se a empresa seria capaz de explorar todo o potencial de que dispunha para se transformar numa líder mundial.

Roberto estava ciente da enorme taxa de mortalidade das *start-ups* e, consequentemente, faria tudo o que lhe era humanamente possível para eliminar as causas da mortalidade. Era o mínimo que podia fazer como sócio fundador da empresa como agradecimento aos investidores externos pela confiança que tinham depositado nele e na sua equipa.

A recuperação de uma empresa assemelha-se à recuperação de um doente. Terá êxito se não se voltarem a repetir os hábitos que levaram à doença.

APÊNDICE
O PENSAMENTO CRÍTICO NA TOMADA DE DECISÕES

Em regra, a necessidade de tomar uma decisão arranca com uma declaração ou afirmação que é feita por um empregado, por um líder de opinião, por um jornalista, por um político, por uma fonte governamental, por um empresário, por um cientista, etc.

A forma como lemos essa declaração ou afirmação determinará o caminho que iremos trilhar para tomar a decisão que daí surja. Se a interpretarmos da maneira A, o caminho será B. Se a interpretarmos de forma C, o caminho será D, e assim sucessivamente.

O objetivo é interpretar a afirmação de forma correta e, para o conseguir, precisamos das ferramentas do pensamento crítico.

Podemos afirmar que, em geral, o primeiro erro que o CEO comete ao tomar uma decisão é não interpretar corretamente a declaração ou afirmação relacionadas com a situação em questão.

Frequentemente, ao interpretar de forma errónea uma declaração ou afirmação, devido às distorções mentais e emocionais que residem no nosso cérebro, tomamos uma decisão intempestiva, que produz um erro grave, e conduzimos a empresa a uma crise.

Como devemos agir perante uma declaração ou afirmação que requer uma ação da nossa parte? À partida, nunca devemos apressar a tomada de decisão. Não devemos permitir que a parte emocional (a amígdala) do nosso cérebro tome conta e decida por nós. Depois, analisar a fundo a declaração ou afirmação. Um exemplo ajudar-nos-á a entender este passo do processo de decisão.

Suponha-se que lemos ou escutamos a seguinte afirmação: «O país que ganhou mais prémios Nobel até hoje foram os Estados Unidos da América.»

Podemos perguntar-nos: Comparado com outros países, quantos prémios Nobel ganharam os EUA? Ganhou muitos prémios em determinadas categorias e menos em outras? Alguns países superaram os EUA, se tivermos em conta as respetivas dimensões? Algum dos que ganharam esses prémios Nobel nos EUA são originários de outros países?

Fazer perguntas deste tipo dá maior significado à declaração. Uma declaração ou afirmação pode gerar diferentes conclusões ou deduções.

DECLARAÇÃO — Conclusão ou dedução 1 / Conclusão ou dedução 2 / Conclusão ou dedução 3

E cada uma delas levar-nos-á a tomar uma decisão diferente e adequada.

Outro fator muito importante ao analisar declarações ou afirmações é o tipo de linguagem que o autor usa. As palavras usadas na declaração ou na afirmação poderão ter diferentes significados para diferentes pessoas. É primordial entender corretamente o significado que o autor da declaração ou afirmação pretendeu dar-lhe.

Vejamos um exemplo concreto do atual mundo dos negócios. Suponhamos que um empresário faz a seguinte afirmação: «Os *millennial* não se comprometem com a empresa. Querem logo ganhar salários altos, como se fossem já executivos de topo, mas não estão disponíveis para ir mais além, quando se lhes pede um esforço adicional, passando muito tempo ligados às redes sociais.»

Para analisar esta afirmação podemos fazer este género de perguntas: Que autoridade tem o autor da declaração para fazer uma afirmação deste tipo? Que motivos terá? Que experiência real tem com *millennials*? Sabe-o por experiência própria ou ouviu-o de terceiros? Como define ele um *millennial*?

Todos aqueles que o autor da declaração considera *millennials* têm um comportamento semelhante? Já terá falado pessoalmente com algum deles? Estaria disposto a concluir de maneira categórica que um *millennial* não é um bom funcionário? O que pensa fazer com os funcionários *millennial* que estão na empresa? O departamento de Gestão de Talento da empresa tem as ferramentas necessárias para detetar *millennials* que não estejam aptos para trabalhar na empresa? O declarante considera todos os *millennials* iguais? Que informação contraditória tenho disponível? Quando aceitamos uma declaração ou afirmação sem questionar a sua veracidade, só porque vem da autoridade, estamos a ser vítimas do «Desvio cognitivo de Autoridade», que ilustra a tendência para aceitar como bom sem questionar tudo aquilo que nos dizem.

O seguinte questionário pode ajudar-nos a analisar declarações, afirmações e situações de todo o tipo:

- Estou a tirar conclusões precipitadas, sem ter todas as evidências necessárias?
- Esta informação é baseada em factos ou em suposições?

- Estou a parar para pensar como deve ser e a processar toda a informação que me chega, de forma a evitar tirar conclusões precipitadas?
- Estou a deixar-me influenciar por ideias preconcebidas, apesar de não ter toda a informação necessária? Se não estou completamente seguro, porque respondo «sim» ou «não», em vez de «possivelmente»?
- Se estou a fazer suposições, em que me baseio? Tenho fundamentação ou apenas um «dedinho que adivinha»?
- Estou preso a algum paradigma, convencionalismo ou tradição?
- Estou a ser demasiado superficial nos meus pensamentos?
- Posso ir mais a fundo nesta questão?
- Não deveria perguntar-me primeiro «porquê» ou «porque não»?
- Já fiz a pergunta «O que aconteceria se...»?
- Qual é a primeira explicação que se me ocorre?
- É razoável? De onde provém?
- Estou a tomar como bom algo que choca com a minha razão e a minha intuição?
- Estou a defender o indefensável?
- Estou a deixar que a emoção tolde a minha razão?
- Como me afetará pessoalmente e à empresa esta situação, declaração ou afirmação?
- O que me indicam o passado e as estatísticas sobre esta situação?
- O que aconteceria se deixássemos tudo como está?
- Qual é a probabilidade de que a solução X resolva o problema?
- Não estarei a deixar levar-me por um excesso de confiança nas minhas capacidades de decidir corretamente? Se sim, porquê? Se não, porquê?
- Estou a deixar-me levar pela opinião de «especialistas» ou da «maioria»?
- Como é a minha cadeia de pensamento? Onde me está a levar?
- Tenho um plano de contingência?
- Tenho uma *checklist* por onde guiar a minha decisão?
- Acho que a minha explicação é a única possível?
- Acho que o que se aplica a terceiros não se aplica a mim?
- Estou a deixar-me cegar por uma hipótese ou teoria que pode não ser válida?
- Entendo perfeitamente cada uma das palavras que o declarante usou? Poderia alguma palavra ter outro significado? Que definição usa o declarante?

- Tenho a informação necessária para formar uma opinião?
- As minhas fontes de informação são credíveis?
- Estou ciente de que informação não significa necessariamente prova?
- Estou preso a um ponto de referência concreto (um número, uma ideia, um dado)?
- Tendo a refutar de imediato qualquer ideia ou afirmação de outra pessoa, por nenhum motivo em especial?
- Sou do contra, só porque estou habituado a sê-lo?
- Desqualifico a pessoa ou a sua opinião logo à partida?
- Estou convicto de que mesmo que alguma coisa «faça sentido», não é necessariamente a correta?
- Quando digo algo, estou inteiramente seguro de que é a verdade pura e dura, ou que é apenas a minha opinião? Posso defendê-la?
- Estou a ser vítima de uma «paralisia da análise»?
- Recuso aceitar uma opinião só e apenas porque é dissonante com a minha forma de pensar, em vez de abrir a minha mente?
- Vale a pena debater a declaração ou afirmação? Tenho algo a ganhar ou a perder?
- Tomo por boa a declaração ou afirmação, apenas porque coincide com o que penso, mesmo que seja falsa?
- Reconheço que poderei errar ao declarar ou afirmar algo, considerando que:
  — não domino o assunto;
  — ninguém é obrigado a pensar como eu;
  — poderá sempre haver alguém que saiba mais do que eu;
  — não sou dono da verdade absoluta;
  — alguém pode vir com uma ideia melhor do que a minha.

  Ou seja, estou a fazer o possível para não cair no «síndrome de Sheldon Cooper»*?
- Estou disposto a abdicar de crenças que não sejam baseadas em factos comprovados ou em considerações racionais?
- Estou disposto a seguir as evidências e a razão independentemente de onde me levem?
- Que pressão tenho para agir de imediato perante uma declaração ou afirmação?

* O autor fala aqui de uma das personagens principais da série televisiva *A Teoria do Big Bang*, que apresenta sintomas de síndrome de Asperger, um grau leve de autismo. [*N. T.*]

Bibliografia

BADARACCO, Joseph L, *Before You Make a Tough Decision*, Imagine How you'll Have to Sell It, Harvard Business Review, 2016.

BAER, Drake, *To Make Better Decisions, Map Them Out*, Fast Company, 2015.

BAZERMAN, Max H, *Predictable Surprises*, Harvard Business Press, 2008.

BLACK, Beth, *An A To Z Of Critical Thinking*, Continuum, 2012.

BLAKE, Chris, *The Art of Decisions*, Prentice Hall, 2008.

BOYES, Alice, *50 Common Cognitive Distortions*, Psychology Today, 2013.

BUENO DE MESQUITA, Bruce, *The Predictioner'S Game*, Random House, 2010.

BURNETT, Dean; *El Cerebro Idiota*, Planeta, 2017.

BUSS, Dale, *5 Guidelines for Knowing When to Make an Immediate Decision or When to Wait*, Chief Executive, 2015.

CARUCCI, Ron, *Why Ethical People Make Unethical Choices*, Harvard Business Review, 2016.

CASTAÑEDA, *Luis, Pensar: Tarea Esencial De Lideres Y Gerentes,* Ediciones Poder, 2001.

CHUSSIL, Mark, *How the Very Best Strategists Decide*, Harvard Business Review, 2016.

DOUGLAS, Kate. *Decision Time: How Subtle Forces Shape Your Choices,* Newscientist.com, 2011.

GALLO, Amy, *How to Make a High-Stakes Decision*, Harvard Business Review, 2011.

GINO, Francesca, *What we Miss When We Judge a Decision by the Outcome*, Harvard Business Review, 2016.

GROSS, Daniel, *Executives of an Uncertain Age*, Strategy+Business, 2017.

HALVORSON, Heidi Grant e ROCK, David, *Beyond Bias, Strategy+Business*, 2015.

JOHNSON, Patti, *Avoiding Decision Paralysis in the Face of Uncertainty*, Harvard Business Review, 2015.

KAHNEMAN, Daniel, *Thinking, Fast and Slow*, Penguin, 2012.

LAI, Lisa, *Being a Strategic Leader is About Asking the Right Questions*, Harvard Business Review, 2017.

MANES, Facundo, *Usar El Cerebro*, Paidós, 2014.

MANU, Alexander, *Disruptive Business*, Gower, 2010.

MAUBOUSSIN, Michael J., *Think Twice*, Harvard Business Press, 2009.

MCINERNY, *D.Q., Being Logical*, Random House, 2004.

MEISSNER, Philip, SIBONEY, Olivier e WULF, Torsten, *Are You Ready to Decide?*, McKinsey &Co, 2015.

Mind Tools Editorial Team, *The Vroom-Yetton Decision Model*, Mind Tools News Letter, 2017.

MLODINOW, Leonard, *The Drunkard'S Walk*, How Randomness Rules Our lives, Vintage, 2008.

MULLINS, John e KOMISAR, Randy, *Getting to Plan B*, Harvard Business Press, 2009.

PAUL, Richard W. e ELDER, Linda, *Critical Thinking*, Prentice Hall, 2002.

PORTER, Jane, *3 Lessons IBM's Watson Can Teach Us About Our Brains Biases*, Fast Company, 2015.

ROSENZWEIG, Phil, *The Halo Efect*, Simon and Schuster, 2007.

ROSS, Haward, *How Unconscious Bias Affects Everything You Do*, Fast Comapany, 2014.

ROSS, Howard J., *3 Ways to Make Less Biased Decisions*, Harvard Business Review, 2015.

ROSS, Kelly, *All or Nothing: Why Decisive People Make the Best CEOs*, Chief Executive, 2017.

RYAN, Sean, *How Loss Aversion and Conformity Threaten Organizational Change*, Harvard Business Review, 2016.

SCHWARTZ, Jeffrey, THOMSON, Josie e KLEINER, Art, *The Neuroscience of Strategic Leadership*, Strategy +Business, 2016.

STIBEL, Jeff. *How Forethought (Not Intuition) Separates the Good from the Great*, Harvard Business Review, 2010.

TALEB, Nassim N, *The Black Swan*, Random House, 2010.

TASLER, Nick, *Make Good Decisions Faster*, Harvard Business Review, 2013.

TEDLOW, Richard, *Denial*, Portfolio, 2010.

THOMSON, Anne, *Critical Reasoning*, Routledge, 1996.

THOULESS, Robert H, *Straight and Crooked Thinking*, Pan Piper, 1970.

TORRES, Nicole, *Why It's So Hard for Us to Visualize Uncertainty*, Harvard Business Review, 2016.

VAN DEN BRINK, Budgen, Advanced Critical Thinking Skills, How to Books, 2010.

WHEELAN, Charles, *Naked Statistics*, Norto, 2013.

Wikipedia, List of Cognitive Biases, 2014.